Feuer und Flamme für heiße Genüsse

Sind Sie auch schon mal mit guten Freunden vor einem knisternden Feuer gesessen und haben bei Grog, Glühwein oder Jagertee ein angeregtes Gespräch genossen? Dann wissen Sie, wie wunderbar solche heißen Getränke die Stimmung steigern und den Geist beflügeln können. Anlässe gibt es genügend – und zwar das ganze Jahr über. Zum Beispiel nach einem langen Spaziergang im Herbst, zum Aufmuntern an einem grauen Regennachmittag im Frühjahr oder zum beschaulichen Tagesausklang an einem kühlen Sommerabend. Wenn Sie die Anregungen und Tips auf den folgenden Seiten befolgen (siehe auch den wichtigen Hinweis auf Seite 64), werden Sie viele angenehme Stunden erleben – ganz bestimmt!

Die Fotos stammen aus dem Fotostudio Teubner und wurden von Kerstin Mosny gestaltet.

INHALT

AALBORG
Jubilæums Akvavit
MAC DUFF'S
TAWNY PORT
FLAGMAN'S
MADEIRA
Grand Marnier
SARONNO
AMARETTO di SARONNO

Für viele heiße Klassiker brauchen Sie nur in die eigene Küche zu spazieren und sich dort ein bißchen umzusehen. Oben von links nach rechts: Eier, Milch, Sahne, Weinbrand, Rum, Zucker, Rot- und Weißwein, Bier; unten: Kaffee, verschiedene Tees, Zimtstangen, Nelken, Muskatnuß, Honig und Mandeln.

Wärme für Körper und Seele

Das Schönste an einem kalten Tag ist ein warmer Drink.
Punsch und Grog, Jagertee und Glühwein, Irish Coffee oder eine richtige Feuerzangenbowle sind etwas, auf das man sich so freut wie auf ein prasselndes Feuer oder ein heißes Schaumbad am Abend.
Es wäre aber sicher falsch zu glauben, heiße Getränke seien nur für den Winter geeignet. Auch an einem kühlen Sommerabend kann man frösteln – von einem trüben Regentag ganz zu schweigen. Und was viel wichtiger ist: Heiße Drinks sind echte Seelenwärmer und Muntermacher.
Das mag daran liegen, daß erwärmter Alkohol schneller in die Blutbahn (und in den Kopf) gelangt als kalter oder an der anregenden Wirkung der diversen Gewürze, die meist Bestandteil der Rezepte sind. Oft spielen auch Kaffee und Tee bei ihrer Zubereitung eine Rolle, so daß sich der aufputschende Effekt noch verstärkt. Tatsache ist: Es gibt kein besseres Mittel gegen schlechte Stimmung als einen heißen Drink.

Wenig Aufwand – viel Wirkung

Die Zutaten für die meisten heißen Klassiker haben Sie bestimmt schon zu Hause: Rum für Grog, Rotwein, Weißwein und Küchengewürze für Glühwein, Kaffee und Weinbrand für einen Rüdesheimer Kaffee. Viele heiße Drinks verlangen außerdem nach Honig, Sahne, Milch, verschiedenen Tees, Bier und Eiern. Wer über eine eigene Hausbar verfügt, findet dort die Bausteine für andere, anspruchsvollere Rezepte: Whiskey für einen Irish Coffee,

Cognac für einen Café Brulôt, Aquavit für Dänischen Kaffeepunsch. Auch mit Grand Marnier, Calvados, Arrak, Wodka, Maraschino, Obstler und Amaretto lassen sich raffinierte heiße Drinks zubereiten. Und statt einfachen Rot- oder Weißwein zu nehmen, können Sie Rezepte mit Portwein, Madeira oder Sherry ausprobieren. Versuchen Sie einfach mal die heißen Getränke zu machen, für die Sie die entsprechenden Spirituosen sowieso schon im Schrank haben – mit der Zeit können Sie ja aufstocken.

Es ist also gar nicht nötig, viel Zeit und Geld zu investieren, um sich und guten Freunden ein heißes Vergnügen zu bereiten. Töpfe, Löffel, Tassen und eine Kaffee- oder Teekanne finden sich sicher im Schrank. Zucker, Zimt, Muskatnuß oder Mandeln gehören eigentlich auch zur Küchen-Grundausstattung. Überhaupt hält sich der Aufwand für die meisten heißen Getränke erfreulicherweise in Grenzen. Natürlich gibt es auch Spezialitäten – zum Beispiel eine echte Feuerzangenbowle –, für die etwas mehr Aufwand nötig ist. Am besten, Sie versuchen sich erst einmal an ein paar einfacheren Rezepten, bis Sie den Dreh heraus haben und wissen, was Ihnen Spaß macht – und was Ihnen und Ihren Gästen schmeckt.

Fruchtiges Vergnügen

Viele Rezepte für heiße Getränke verlangen nach frischen Früchten – Orangen, Zitronen oder Äpfeln zum Beispiel. Gerade im Winter sind solche Vitaminträger auch aus der Sicht des Ernährungsfachmanns besonders zu empfehlen – vorausgesetzt, Sie verwenden fri-

Eine tiefverschneite Winterlandschaft, blaue Berggipfel und strahlender Sonnenschein: Wer möchte da nicht, unter leisem Glöckchengeklingel, im gemütlichen Pferdeschlitten durch die Lande fahren. Und hinterher gibt's natürlich einige Runden köstlich duftender, dampfend heißer Mixgetränke.

Um heiße Drinks sachgerecht zu mixen, brauchen Sie kein spezielles Handwerkszeug. Das Foto zeigt die notwendigen Utensilien, die Sie sicher bereits im Haus haben. Die kleine Edelstahlschale mit gelochtem Deckel ist ein Stövchen.

sche Produkte. Natürlich kann man Orangensaft aus der Flasche für einen Mulled Orange Tea oder Zitronenkonzentrat für einen Negus verwenden – aber wieviel besser schmeckt das Ganze doch, wenn Sie sich die Mühe machen, den Saft kurz vorher selbst auszupressen. Außerdem bleiben die natürlichen Vitamine erhalten. In diesem Falle kann man wohl mit Fug und Recht behaupten, die meisten heißen Getränke seien sogar gut für die Gesundheit.

Auf Ihre Gesundheit!

Damit sie auch bekömmlich bleiben, sollten Sie ein paar Dinge beachten. Zum einen ist eine gewisse Zurückhaltung bei den verwendeten Alkoholmengen ratsam: Ein Jagertee, wie ihn mein Freund, der Gastwirt Erwin Cimaroli in Ischgl, zaubert, schmeckt zwar teuflisch gut, aber nach zwei Gläsern ist für mich das Après-Ski gelaufen. Warmer Alkohol entfaltet, wie gesagt, seine Wirkung schneller und gründlicher als in gekühlter Form.
Auch in der Auswahl der Zutaten kann weniger oft mehr sein. Mit der Zeit werden Sie Lust und Mut bekommen, die Rezepte dieses Buches abzuwandeln oder eigene zu erfinden. Bedenken Sie aber bitte: Je weniger verschiedene Alkoholsorten Sie zusammenmischen, desto unwahrscheinlicher ist es, daß Sie am nächsten Morgen mit Kopfweh dafür büßen müssen.

Das Handwerkszeug

Mit etwas Improvisationstalent läßt sich fast alles machen. Wenn Sie vorhaben, öfter mit Freunden auf ein heißes Gläschen zusammenzusitzen, brauchen Sie nur in Ihrer Küche zu stöbern.
Schöpflöffel, Flaschenöffner, Messer, Schneidebrett und Saftpresse finden Sie dort sicher. Nur beim Meßbecher wird die Sache schwieriger. Am besten kaufen Sie sich einen richtigen Kombi-Meßbecher für 2 cl und 4 cl, wie ihn professionelle Barkeeper benützen. Zur Not tut's auch ein Schnapsglas, dessen cl-Fassungsvermögen Sie kennen.
Zum Rühren genügt meistens ein langstieliger Löffel oder ein einfacher Schneebesen. Praktischer ist für manche Drinks, vor allem solche mit Eiern, natürlich ein elektrisches Handrührgerät.
Zum Erhitzen von alkoholischen Getränken eignen sich emaillierte oder Töpfe aus Edelstahl am besten, weil sie geschmacksneutral und widerstandsfähig sind.
Alles, was heiß gemacht wird, sollte auch warm gehalten werden. Zwar werden heiße Getränke üblicherweise portionsweise zubereitet und serviert. Beim Punsch, wo größere Mengen zubereitet werden, liegt der Fall aber anders: Da empfiehlt sich ein Rechaud mit Wachskerzen oder – noch besser – eine elektrische Warmhalteplatte. Auf keinen Fall sollten Sie einen Warmhalter mit großer, offener Spiritusflamme nehmen; der Geruch des Spiritus verträgt sich nicht mit dem würzigen Duft heißer Getränke. Eine andere Methode besteht darin, das Getränk in der Küche zu erhitzen und dann in einer Thermoskanne zu servieren. Es gibt sehr schöne Modelle aus rostfreiem Stahl oder sogar Silber, die sich für diesen Zweck bestens eignen und die auch attraktiv aussehen.
Ob Sie sich für die schnelle Zubereitung heißer Getränke eines Tauchsieders bedienen wollen oder nicht, ist wohl vor allem eine Frage des persönlichen Stils. Sinnvoll und praktisch ist die Sache allemal.

Glas oder Tasse?

Das Auge ißt nicht nur, es trinkt auch mit. Im richtigen Glas serviert, schmeckt ein heißer Drink deshalb erfahrungsgemäß nochmal so gut.
Puristen verwenden für bestimmte Drinks wie Irish Coffee oder Hot Buttered Rum ganz spezielle Gläser und sonst nichts. Ich finde das allerdings manchmal etwas übertrieben. Es gibt sehr schöne Allzweck-Gläser zu kaufen. Nur hitzebeständig sollten sie sein und entweder einen dicken Stiel oder einen Henkel haben, damit man sie anfassen kann, ohne sich die Finger zu verbrennen. Und zur Not tut es ja auch eine Kaffeetasse – Hauptsache, es schmeckt …

Mixen nach Rezept

Bei aller Freude am Selbermachen und Improvisieren sollten Sie bedenken, daß noch kein Meister vom Himmel gefallen ist. Das gilt auch für heiße und andere Drinks. Es ist deshalb ratsam, sich ziemlich genau an die Rezepte in diesem Buch zu halten – vor allem am Anfang. Wir haben sie alle sorgfältig ausprobiert und können die Hand dafür ins Feuer legen, daß sie so schmecken, wie sie sollen.
In anderen Rezeptbüchern werden Sie manchmal mehr oder weniger vage Mengenangaben finden wie »Spritzer«, die leider wenig hilfreich sind. Jeder Barkeeper versteht darunter nämlich etwas völlig anderes. Außerdem kann die Menge je nach Konsistenz des Produkts sehr unterschiedlich sein, von einem Tropfen bei dickflüssigem Grenadinesirup bis zu acht oder zehn Tropfen bei dünnem Zuckersirup.
Sie werden wohl oder übel selbst ein Gefühl für die richtige Dosierung entwickeln müssen. Keine Angst: Mit der Zeit geht das schon. Je erfahrener Sie werden, desto mehr werden Sie sich trauen, von den vorgegebenen Rezepten abzuweichen und eigene Mixturen zu versuchen. Nur eine Bitte, auch im Interesse Ihrer Gäste: Probieren Sie Ihre Eigenschöpfungen vorher ein paarmal aus, damit sie richtig sitzen. Und besitzen Sie bitte auch den Mut und die Großzügigkeit, ein mißlungenes Getränk wegzuschütten und von vorne anzufangen. Nachträgliche Rettungsversuche sind nämlich meistens vergeblich.

Der Gast mischt mit

Anders als der Barkeeper, der kalte Drinks vor staunendem Publikum aus dem Ärmel schüttelt, muß derjenige, der heiße Getränke machen will, hin und wieder in die Küche verschwinden. Damit Sie die fröhliche Runde nicht allzu lange allein lassen müssen, sollten Sie alles möglichst generalstabsmäßig vorbereiten. Die letzten Handgriffe lassen sich meistens am Tisch erledigen. Und viele Rezepte sind so angelegt, daß der Gast selbst seinem Getränk den letzten Schliff geben kann: selber mischen, würzen, Zucker nach Geschmack hineingeben, umrühren und so weiter.

Kleine Kunstgriffe

Jeder Barkeeper hat so seine Tricks, die ihm helfen, schnell und sicher zu mixen und zu servieren. Das gilt genauso für heiße wie für kalte Drinks. Ein paar davon wollen wir Ihnen hier verraten:

- Alkohol kommt immer zuletzt ins Glas. Nur so können Sie die Stärke des Drinks besser bestimmen.
- Bei eierhaltigen Drinks zuerst die Eier in den Topf oder in den Shaker schlagen, damit Sie sicher sind, daß sie auch frisch sind.
- Außer Wasser darf in einem heißen Mixgetränk nichts kochen. Wenn Alkohol zu heiß wird, verdunstet er – und mit ihm Aroma und Geschmack.
- Sahne für einen heißen Drink sollte nicht steif geschlagen werden, sondern halb flüssig sein. Man läßt sie langsam und vorsichtig vom Löffel ins Glas gleiten, damit sie wie eine Haube auf dem Drink schwimmt.
- Zucker ist bei heißen Drinks mit Schlagsahne unerläßlich. Fehlt er, kann die Sahne niemals auf der Oberfläche schwimmen, sondern versinkt sofort und verwandelt den Inhalt in eine häßliche, graubraune Sauce.

Heiße Drinks effektvoll zu garnieren, ergibt sich ganz von selbst – denn in den meisten Fällen sind aromatische Rezeptzutaten wie zum Beispiel Scheiben von Zitrusfrüchten oder Zimtstangen zugleich das schmückende Beiwerk.

Dekorative Zutaten

Auf fantasievolle Garnierung, Papierschirme und anderen Schnickschnack können Sie bei heißen Drinks getrost verzichten. Bei vielen Getränken werden die Zutaten, zum Beispiel Früchte, Rosinen, Nüsse, Mandeln oder Zimtstangen, mitserviert und sind damit Dekoration genug. Wenn Sie für Ihren Drink Scheiben oder Viertel von Zitronen, Orangen oder anderen Früchten brauchen, dann bitte nur ungespritzte Früchte verwenden und die Schalen vorher gründlich heiß waschen.

Jedem sein Zuckerl

Zucker ist dagegen ein unverzichtbares Ingrediens für die meisten heißen Getränke. Wir haben bei den Rezepten nur soviel Zucker vorgeschrieben, wie unbedingt nötig ist. Wer will, kann ja nachsüßen. Dafür gibt es übrigens im Teeladen schöne Holzstäbchen, an deren unterem Ende Kandiszucker klebt. Beim Rühren löst sich der Zukker langsam auf.
Welche Art von Zucker Sie bevorzugen, ist ebenso Geschmackssache. Kenner verwenden meistens braunen Zukker, weil er etwas würziger schmeckt – vor allem aber, weil er sehr viel natürlicher aussieht als weißer Zucker. Gesundheitsbewußte süßen ihre Drinks mit Zuckerrohrgranulat – eine kluge Alternative, denn Zuckerrohrgranulat schmeckt mindestens so kräftig wie brauner Zucker, enthält aber zudem viel mehr Vitalstoffe und Spurenelemente. Für Grogs und andere klare Drinks ist Kandiszucker unverzichtbar, schon allein, weil er beim Zerspringen nach dem Aufgießen ein unvergleichlich schönes Klingelgeräusch von sich gibt. Und last not least: Was wäre eine Feuerzangenbowle ohne den gemütlichen Zauber des brennenden Zuckerhutes? Der muß einfach sein!

Hier sehen Sie das süße »Muß« fast aller Drinks – Zucker in vielerlei Gestalt. Oben von links nach rechts: Puderzucker, weißer Zucker, Zuckerhut, brauner Zucker, Zuckerrohrgranulat. Unten: weißer und brauner Würfelzucker, weißer und brauner Kandiszucker, lose oder am Stäbchen.

Genießen Sie in Maßen!

Eine letzte Warnung: Alkohol ist ein Genußmittel; bei häufigem oder unvernünftigem Gebrauch ist er ein Gift. Bedenken Sie bitte auch, daß gerade erwärmter Alkohol besonders schnell wirkt und daß der rasche Wechsel zwischen einer warmen Stube und der kalten Außentemperatur im Winter die Wirkung des Alkohols auf das Reaktionsvermögen ebenfalls verstärkt. Die Wirkung von Alkohol ist außerdem von so unterschiedlichen Faktoren abhängig wie dem Körpergewicht oder davon, wieviel Sie vorher gegessen haben. Schließlich entscheidet auch die Tagesform darüber, wie schnell und wie stark Sie auf das Getrunkene reagieren: Streß und Übermüdung können die Folgen von übermäßigem Alkoholkonsum noch verschlimmern.
Es versteht sich von selbst, daß man als Gastgeber einem Autofahrer keinen Alkohol anbieten sollte – es sei denn, er versichert, mit dem Taxi heimzufahren. Und für Kinder und Jugendliche ist Alkohol in keiner Form zu empfehlen. Denken Sie auch daran, daß die Wirkung von Alkohol über viele Stunden, ja sogar weit in den nächsten Tag hinein anhalten kann – also: genießen, aber in Maßen.

Richtig flambieren

Der Augenblick, in dem das Licht erlischt und der Gastgeber mit einem Tablett brennender Gläser ins Zimmer tritt, ist der Höhepunkt eines gelungenen Abends. Aber Vorsicht: Flambieren will gelernt sein. Jede Spirituose brennt besser, wenn sie erhitzt wird. Übertreibt man aber, können Flammenspritzer schnell ein Loch in Tischtuch oder Teppich brennen. Flambieren ist also durchaus kein ungefährlicher Spaß und erfordert umsichtiges Handeln, Konzentration und Vorsicht. Klar, daß sich Kinder und Jugendliche beim Flambieren mit der Rolle der Zuschauer zufriedengeben müssen.

1. Bereiten Sie das heiße Getränk mit der Hälfte der verwendeten Spirituose in einem hitzebeständigen Glas servierfertig zu.

2. Die andere Hälfte der verwendeten Spirituose (hier ist es ein Weinbrand) in einem kleinen Topf vorsichtig erhitzen – nicht kochen lassen, weil sich sonst der Alkohol und die Aromastoffe verflüchtigen!

3. Wenn die Flüssigkeit heiß genug ist, vorsichtig mit einem Streichholz entzünden. (Achtung: Wenn der Alkohol zu heiß ist, kann es eine Stichflamme geben.) Dann die brennende Flüssigkeit ins vorbereitete Glas gießen.

4. Sie können die Spirituose aber auch in eine Schöpfkelle geben, an einer Kerzenflamme erwärmen und in der Kelle anzünden. Dann den brennenden Alkohol ins vorbereitete Glas gießen.

Glas oder Tasse vorwärmen

Die meisten Rezepte in diesem Buch verlangen nach hitzefesten Gläsern oder Tassen. Normale Gläser können nämlich zerspringen, wenn sie plötzlich mit einer kochendheißen Flüssigkeit gefüllt werden. Wenn Sie aber normale Gläser richtig vorwärmen, ist diese Gefahr kaum noch vorhanden (außer bei sehr dünnen Gläsern, die Sie nicht verwenden sollten). Außerdem bleibt das Getränk in einem vorgewärmten Glas oder einer vorgewärmten Tasse länger warm.

1. Um ein Glas oder eine Tasse nur leicht zu erwärmen, genügt es, wenn Sie ungefähr 30 Sekunden lang heißes Wasser aus dem Wasserhahn ins Glas laufen lassen.

2. Um dünnere Gläser langsam zu erwärmen, stellen Sie sie in einen Kochtopf, der mit lauwarmem Wasser etwa 5 cm hoch gefüllt ist. Den Kochtopf auf den Herd stellen und bei mittlerer Flamme solange erhitzen, bis Dampf aufzusteigen beginnt.

3. Hitzefeste Gläser oder Tassen können Sie dagegen ruhig mit kochendem Wasser füllen. 1 Minute stehenlassen – und danach nur noch mit dem Topflappen anfassen!

4. Wenn Sie Gläser oder Tassen für eine größere Gesellschaft vorwärmen wollen, benützen Sie den Backofen: Die Gläser aufs Backblech stellen und den Herd auf schwache Hitze (bis 75°) schalten. Die Gläser in 5–10 Minuten heiß werden lassen.

Kaffeekochen für Könner

Deutschlands Frauen kochen zwar angeblich den besten Kaffee der Welt, aber das heißt nicht, daß sie daran nichts verbessern könnten. Da erst das Aroma eines perfekt zubereiteten Kaffees vielen heißen Mixgetränken die richtige Note gibt, lohnt es sich, ein paar kleine Tricks zu beachten.

1. Mahlen Sie die Kaffeebohnen nach Möglichkeit erst kurz vor dem Aufbrühen. Nur so bleibt der volle Duft erhalten.

2. Je feiner die Kaffeebohnen gemahlen werden, desto ergiebiger sind sie. Als Faustregel gilt: 2 gestrichene Teelöffel auf 200 ml Wasser ergibt den besten Kaffee für Mixgetränke.

3. Nehmen Sie zum Kaffeekochen möglichst frisches Wasser – am besten abgefülltes »stilles« Wasser ohne hohen Mineralstoffgehalt. Das aufgekochte Wasser sollte nicht mehr sprudeln, wenn es mit dem Kaffeepulver in Berührung kommt. Warten Sie also etwas, nachdem Sie den Wassertopf vom Herd genommen haben.

4. Am kräftigsten schmeckt Kaffee, der direkt in der Kanne zubereitet wird. Gemahlenen Kaffee in die vorgewärmte Kanne geben, Wasser darüber gießen und den Kaffee etwa 5 Minuten ziehen lassen. Anschließend durch ein engmaschiges Sieb in die Tasse gießen.

Tee perfekt zubereitet

Man muß nicht Engländer oder Japaner sein, um aus der Teezubereitung eine kleine Zeremonie zu machen. Der zarte Duft der Teepflanze kommt nämlich nur dann richtig zur Geltung, wenn Sie sorgfältig vorgehen und ein paar Dinge beachten. Vor allem aber gilt wie beim Kaffee: Je besser (sprich: reiner) das verwendete Wasser, desto besser schmeckt der Tee. Und noch einen Tip: Lassen Sie das Wasser vor dem Aufbrühen nicht zu lange kochen: »totgekochtes« Wasser läßt Tee fad und langweilig schmecken.

1. Wärmen Sie die Teekanne zuerst vor, indem Sie etwas heißes Wasser hineingießen, die Kanne kurz schwenken und das Wasser wieder abgießen.

2. Geben Sie den Tee direkt in die vorgewärmte Kanne (je nach Teesorte etwa 1/2 – 1 Teelöffel pro Tasse).

3. Gießen Sie das Wasser stets sprudelndheiß in die Kanne. Nur so kann der Tee sein volles Aroma entfalten. Schwarzer Tee sollte in der Regel 3–5 Minuten ziehen, Kräutertee etwas länger.

4. Rühren Sie den Tee vor dem Servieren einmal kurz um und gießen Sie ihn anschließend durch ein Teesieb in die Tasse.

Punsch weltweit

Es soll mehr als 5000 Punschrezepte auf der Welt geben. Eigentlich sind es doppelt soviele, denn Sie können fast jeden Punsch sowohl heiß zubereiten, als auch abgekühlt mit Eiswürfeln servieren – und haben damit das ganze Jahr über Punsch-Vergnügen.

Bishop's Punch

Der Bishop ist eine beliebte englische Spielart des Punschs.

Zutaten für 4–6 Drinks:
2 Orangen (Schale unbehandelt)
8 Gewürznelken · 5 Pimentkörner
1 Stück Zimtstange (etwa 1 cm lang)
1 Stück geschälte Ingwerwurzel (etwa 1 cm lang) · 300 ml Wasser
3/4 l Portwein
3 Stück Würfelzucker
1 Prise frisch geriebene Muskatnuß
Was Sie sonst noch brauchen:
hitzefeste Gläser oder Tassen
1 spitzes Küchenmesser
2 Kochtöpfe · 1 Rührlöffel
1 Saftpresse
1 Punschgefäß oder Krug

1. Den Backofen auf 150° vorheizen. Die beiden Orangen heiß waschen und trockenreiben. Eine Orange an verschiedenen Stellen 8mal mit dem Küchenmesser einstechen und in diese Löcher die Gewürznelken stecken.
2. Die Orange auf ein Backblech in den Backofen (Mitte) legen und etwa 10 Minuten rösten, bis sie weich wird und anfängt, sich zu verfärben.
3. Die Pimentkörner, den Zimt und den Ingwer zusammen mit dem Wasser in einen Kochtopf geben und bei mittlerer Hitze köcheln lassen, bis etwa die Hälfte des Wassers verdampft ist.
4. Den Portwein im zweiten Kochtopf kurz erwärmen und anzünden. Nach etwa 30 Sekunden die gebratene Orange und das Wasser mit den Gewürzen aus dem ersten Topf dazugeben. Gut umrühren und alles etwa 10 Minuten bei schwacher Hitze ziehen lassen.
5. Die Zuckerwürfel an der Schale der zweiten Orange reiben. Die Orange auspressen. Die Zuckerwürfel und den Orangensaft in das Punschgefäß oder den Krug geben. Die heiße Mischung aus Portwein, Wasser und Gewürzen dazugeben und umrühren. Den Muskat darüber streuen.

Mecklenburger Punsch

Zutaten für 6–8 Drinks:
1 Zitrone (Schale unbehandelt)
3/4 l trockener Weißwein
200 ml Madeira
200 ml Weinbrand
1/2 l starker schwarzer Tee (siehe Seite 13) · 125 g Zucker
Was Sie sonst noch brauchen:
hitzefeste Gläser oder Tassen
1 Kochtopf · 1 Sieb

1. Die Zitrone spiralig schälen.
2. Den Weißwein, den Madeira, den Weinbrand und den schwarzen Tee zusammen mit dem Zucker und der Zitronenschale in dem Topf ganz kurz aufkochen lassen. Sofort vom Herd nehmen und etwa 3 Minuten ziehen lassen.
3. Die Mischung durch das Sieb in die Gläser gießen.

Orangen-Punsch

Ein fruchtiger Karibikpunsch für Solisten.

Zutaten für 1 Drink:
1 Zitrone (Schale unbehandelt)
1 Orange (Schale unbehandelt)
4 cl brauner Rum · 1 cl Whiskeylikör (Southern Comfort oder Drambuie)
2 cl Rose's Lime Juice (Feinkosthandel) · 1 Teel. Puderzucker
Was Sie sonst noch brauchen:
1 hitzefestes Glas oder 1 Tasse
1 Saftpresse · 1 kleinen Kochtopf
1 Teelöffel

1. Die Zitrone und die Orange halbieren. Je 1 dünne Scheibe abschneiden und für die Garnitur beiseite legen. Die verbleibenden Fruchthälften auspressen und den Saft in den Topf geben.
2. Den Rum, den Whiskeylikör, den Lime Juice und den Puderzucker in den Topf geben. Alles umrühren und bis kurz vor den Siedepunkt erhitzen.
3. Die Mischung in das hitzefeste Glas oder die Tasse gießen. Die Zitronen- und die Orangenscheiben dazugeben.

Im Bild von vorne nach hinten: Orangenpunsch, Mecklenburger Punsch, Bishop's Punch.

Weinpunsch

Gehaltvoll und bekömmlich: Diese exotische Mischung aus Wein und Früchten ist genau das Richtige bei klirrender Winterkälte.

Zutaten für 6–8 Drinks:
1 Orange · 1 Apfel
4 getrocknete Feigen
3/4 l trockener Rotwein
10 Gewürznelken
100 g abgezogene Mandeln
1/4 l Strohrum
Was Sie sonst noch brauchen:
hitzefeste Gläser oder Tassen
1 Kochtopf mit Deckel
1 Rührlöffel · Teelöffel

1. Die Orange schälen. Den Apfel waschen und ohne Kernhaus in Viertel schneiden. Das Fleisch der Orange, den Apfel und die getrockneten Feigen in kleine Stücke schneiden.
2. Die Früchte in den Kochtopf geben und mit dem Rotwein übergießen. Die Gewürznelken und die Mandeln dazugeben und die Mischung langsam erhitzen (aber nicht kochen lassen!). Bei schwacher Hitze zugedeckt etwa 10 Minuten ziehen lassen.
3. Zum Schluß den Rum dazugeben und die Mischung in die Gläser gießen. Dabei darauf achten, daß jeder etwas von den Früchten abbekommt. Heiß servieren und jedem einen Teelöffel zum Herausfischen der Früchte geben.

Hot Frenchman

Dieser hitzige Franzose ist für mich immer wieder ein Grund, im Winter bei seinem Erfinder, Charles Schumann (»Schumann's«) in München einzukehren.

Zutaten für 1 Drink:
1/2 Orange · 1/2 Zitrone
1/8 l trockener Rotwein
2 cl Grand Marnier (Orangenlikör)
1 Zimtstange · 3 Gewürznelken
1/2 Teel. Puderzucker
Zum Garnieren:
1 Orangenscheibe (Schale unbehandelt)
1 Zitronenscheibe (Schale unbehandelt)
Was Sie sonst noch brauchen:
1 hitzefestes Glas oder 1 Tasse (vorgewärmt, siehe Seite 11)
1 Saftpresse
1 kleinen Kochtopf · 1 Teelöffel

1. Die halbe Orange und Zitrone auspressen und den Saft in den Kochtopf gießen.
2. Den Rotwein und den Grand Marnier dazugießen und erhitzen (nicht kochen lassen!).
3. Die Mixtur ins vorgewärmte Glas gießen, die Zimtstange, die Nelken und den Puderzucker dazugeben und kurz umrühren.
4. Das heiße Getränk mit der Orangenscheibe und der Zitronenscheibe garnieren und sofort servieren.

Hot Fairy Punch

(Alkoholfrei)

Dieses uralte Rezept aus dem tiefen Süden der USA eignet sich auch hervorragend für den Sommer – dann nehmen Sie einfach eiskalten Saft, Tee und kalten Sprudel statt heißem Wasser und geben ein paar Eiswürfel dazu.

Zutaten für 8–10 Drinks:
3 Orangen
1 Zitrone (Schale unbehandelt)
1/4 frische Ananas
1/2 Banane
1 l Traubensaft
1/4 l schwarzer Tee (siehe Seite 13)
2 Eßl. Zucker
10 Cocktailkirschen
heißes Wasser
Was Sie sonst noch brauchen:
hitzefeste Gläser oder Tassen
1 Saftpresse · 1 Kochtopf
1 Schöpflöffel · Teelöffel

1. Die Orangen auspressen und den Saft in den Kochtopf geben. Die Zitrone in 8–10 Scheiben schneiden und beiseite legen. Die Ananas und die Banane in mundgerechte Stükke schneiden und ebenfalls beiseite stellen.
2. Den Traubensaft, den schwarzen Tee und den Zucker in den Topf gießen und langsam erhitzen, bis die Mischung fast kocht.
3. Den Topf vom Herd nehmen, die Ananas- und Bananenstücke sowie die Cocktailkirschen dazugeben und die Mischung etwa 3 Minuten ziehen lassen.
4. In jedes Glas eine Zitronenscheibe legen und den Punsch mit dem Schöpflöffel bis zu etwa zwei Dritteln in die Gläser füllen, mit heißem Wasser auffüllen. Mit den Teelöffeln servieren, damit jeder die Früchte aus dem Glas fischen kann.

Im Bild von vorne nach hinten: Weinpunsch, Hot Fairy Punch, Hot Frenchman.

Feuerzangenbowle

Nicht nur Filmfreunde werden ihren Spaß an diesem berühmten Punschrezept haben.

Zutaten für 10–12 Drinks:
2 Orangen (Schalen unbehandelt)
2 Zitronen (Schalen unbehandelt)
2 l kräftiger Rotwein
1 Stange Zimt
5 Gewürznelken
1 Prise gemahlener Ingwer
1 Zuckerhut
1/2 l Strohrum
Was Sie sonst noch brauchen:
hitzefeste Gläser oder Tassen
1 Kochtopf
1 Rechaud
1 Feuerzange oder 1 Drahtgitter
1 Eßlöffel und 1 Schöpflöffel

1. Die Orangen und die Zitronen heiß waschen, trockenreiben und in Scheiben oder Spalten schneiden. Mit dem Rotwein, dem Zimt und den Gewürznelken in dem Kochtopf langsam erhitzen (nicht kochen lassen!). Mit dem Ingwer bestreuen.

2. Den Topf auf dem angezündeten Rechaud auf den Tisch stellen und die Feuerzange (oder das Gitter) quer darüber legen. Den Zuckerhut waagerecht in die Feuerzange klemmen oder auf das Gitter legen. Den Zuckerhut gut mit Rum tränken. Das Licht ausmachen und den Zuckerhut mit einem Streichholz anzünden.

3. Nach und nach den Rest des Rums mit einem Löffel darüber gießen. Oder jeweils etwas Rum in die Schöpfkelle geben, an einer Kerzenflamme erwärmen, in der Kelle anzünden (siehe Seite 10) und brennend über den Zuckerhut gießen. Der Zuckerhut tropft brennend in den Topf. Vorsichtig ab und zu umrühren.

4. Erst wenn der »Feuerzauber« erloschen ist, geht's ans Trinken: Mit dem Schöpflöffel die Feuerzangenbowle in die Gläser geben und sofort servieren. Die Früchte und Gewürze bleiben im Topf.

Honig-Punsch

Süß und fruchtig ist dieses heiße Getränk aus dem ebenso heißen Indonesien. Dort trinkt man den Punsch übrigens auch tagsüber in der schlimmsten Mittagshitze ...

Zutaten für 8–10 Drinks:
2 Orangen (Schalen unbehandelt)
1 Zitrone (Schale unbehandelt)
1 Prise Zimtpulver
1 Gewürznelke
300 g Blütenhonig
1 1/2 l heißes Wasser
1/2 l Batavia-Arrak
Was Sie sonst noch brauchen:
hitzefeste Gläser oder Tassen
1 Saftpresse
1 großen Kochtopf
1 Rührlöffel
1 Schaumlöffel
1 Schöpflöffel

1. 1 Orange und die Zitrone mit heißem Wasser waschen, trockenreiben und dünn abschälen. Die Orange anschließend auspressen.

2. Die Schalen zusammen mit dem Zimt, der Gewürznelke und dem Honig in den Kochtopf geben und das Wasser darüber gießen. Umrühren und aufkochen lassen. Den Schaum, der sich dabei bildet, mit dem Schaumlöffel abschöpfen.

3. Den Saft der Orange und den Arrak dazugießen und alles bei schwacher Hitze etwa 3 Minuten ziehen lassen.

4. Die zweite Orange ebenfalls heiß abwaschen, trockenreiben und in 8–10 Scheiben schneiden. Je eine Scheibe in die Gläser oder Tassen legen. Den Honig-Punsch darüber schöpfen und sofort servieren.

Irish Shillelagh

In Irland, wo es im Winter von Norden her ganz schön kalt bläst, wärmt man sich gern an dieser feurig-fruchtigen Mischung.

Zutaten für 1 Drink:
1/2 Zitrone
3 cl Irish Whiskey
1 Teel. Sloe Gin (Schlehen-Gin, Feinkosthandel)
1 Teel. brauner Rum oder Strohrum
1 Teel. Puderzucker
1/4 Pfirsich (frisch, notfalls aus der Dose)
Zum Garnieren:
1 Cocktailkirsche
Was Sie sonst noch brauchen:
1 hitzefestes Glas oder 1 Tasse (vorgewärmt, siehe Seite 11)
1 Saftpresse
1 kleinen Kochtopf
1 Teelöffel

1. Die Zitronenhälfte auspressen und den Saft in den Kochtopf gießen.
2. Den Irish Whiskey, den Sloe Gin, den braunen Rum und den Puderzucker dazugeben und den Topf bei mittlerer Hitze auf den Herd stellen. Die Mischung erhitzen, bis sie fast kocht. Dann vom Herd nehmen und umrühren.
3. Den Pfirsich in mundgerechte Stücke schneiden und in den Topf zum Whisky geben. Kurz warm werden lassen. Den Drink in das vorgewärmte Glas gießen, mit der Cocktailkirsche garnieren und sofort servieren.

Hot Planter's Punch

Wenn, was zugegeben selten vorkommt, ein kühler Wind von Jamaikas Blue Mountains herabweht, dann mixt sich der Plantagenbesitzer eine heiße Variante seines Lieblings-Drinks.

Zutaten für 1 Drink:
1 Zitrone (Schale unbehandelt)
1 Orange (Schale unbehandelt)
4 cl brauner Jamaika-Rum
1 Teel. Curaçao Triple sec
1 Teel. Ananassaft
1 Eßl. Rose's Lime Juice (Feinkosthandel)
Zum Garnieren:
1 Cocktailkirsche
Was Sie sonst noch brauchen:
1 hitzefestes Glas oder 1 Tasse (vorgewärmt, siehe Seite 11)
1 Saftpresse
1 kleinen Kochtopf
1 Teelöffel

1. Die beiden Zitrusfrüchte heiß waschen und trockenreiben. Die Früchte dann halbieren. Von der Zitrone und der Orange je 1 Scheibe abschneiden und fürs Garnieren beiseite legen. Die Früchte dann auspressen und den Saft in den Kochtopf gießen.
2. Den Rum, den Curaçao Triple sec, den Ananassaft und den Lime Juice dazugeben. Die Mischung mit dem Löffel kurz umrühren und erhitzen, bis sie fast kocht.
3. Den Drink ins vorgewärmte Glas gießen.
4. Das heiße Getränk mit der Zitronen- und der Orangenscheibe garnieren. Zum Schluß die Cocktailkirsche obendrauf setzen und den Hot Planter's Punch sofort servieren.

Schwarzwälder Kirsch-Punsch

Schwarzwald und Kirschen gehören nun mal zusammen. Grund genug, damit einmal ein etwas anderes Punsch-Vergnügen zu probieren.

Zutaten für 1 Drink:
6 cl Kirschsaft (unvergoren)
1 Teel. Maraschinolikör
1 Teel. Puderzucker
4 cl Schwarzwälder Kirschwasser
Zum Garnieren:
1 Cocktailkirsche
Was Sie sonst noch brauchen:
1 hitzefestes Glas oder 1 Tasse (vorgewärmt, siehe Seite 11)
1 kleinen Kochtopf
1 Teelöffel

1. Den Kirschsaft, den Maraschinolikör und den Puderzucker in den Kochtopf geben und alles erhitzen (nicht kochen lassen!).
2. Die Mischung ins vorgewärmte Glas gießen und das Kirschwasser hinzufügen – bis auf 1 Teelöffel voll. Diesen beim Servieren über einer Streichholz- oder Kerzenflamme erwärmen und anzünden (siehe Seite 10).
3. Die Cocktailkirsche auf den brennenden Löffel legen und die Flüssigkeit langsam ins Glas tropfen lassen. Sie können die flambierte Kirsche zum Schluß in den Drink geben – oder gleich essen, wenn sie etwas abgekühlt ist!

Im Bild von vorne nach hinten: Hot Planter's Punch, Schwarzwälder Kirsch-Punsch, Irish Shillelagh

Grog ist quasi ein einfacher Punsch,

der meistens nur aus heißem Wasser, Zucker und einer beliebigen Spirituose besteht. Daß es beim Grog allerdings auch anspruchsvoller zugehen kann, beweisen die Rezepte auf diesen Seiten.

Grog-Grundrezept

Nicht nur Seeleute schätzen diesen einfachen, aber herzerwärmenden Vetter des Punschs.

Zutaten für 1 Drink:
1 Stück Würfelzucker oder Kandiszucker
kochendheißes Wasser
6 cl Jamaika-Rum oder Strohrum
Nach Belieben: 1–2 Eßl. leicht geschlagene, ungesüßte Sahne
Was Sie sonst noch brauchen:
1 hitzefestes Glas oder 1 Tasse
1 langstieligen Löffel

1. Den Zucker auf den Boden des Glases oder der Tasse legen und mit heißem Wasser je nach Geschmack bis zu etwa drei Vierteln aufgießen.
2. Den Rum dazugießen und mit dem Löffel umrühren, bis sich der Zucker ganz aufgelöst hat.
3. Wenn Sie dem Ganzen jetzt noch die Sahne zugeben und umrühren, haben Sie einen sogenannten Sahnegrog.

Variante:
Grog zum Selbermixen, 8–10 Drinks:
Wenn Gäste da sind, macht es Spaß, jeden seinen Grog selbst mixen zu lassen:
1/2 l Rum im Kochtopf erhitzen (nicht kochen lassen!). Einen angezündeten Rechaud auf den Tisch stellen. Den erwärmten Rum in eine Teekanne geben und auf dem Rechaud warm halten. Kochendheißes Wasser in einer zweiten Teekanne auftischen. Jeder Gast nimmt sich nun Zucker nach Belieben, schüttet zuerst heißes Wasser und dann Rum dazu und rührt um. So kann jeder den Grog zubereiten, wie er ihm am besten schmeckt.

Hot Buttered Rum

In Amerika trinkt man diesen gehaltvollen Vetter des Grogs gerne nach einer lustigen Schlittenfahrt durch einen verschneiten Winterwald.

Zutaten für 1 Drink:
1 Stück Würfelzucker
heißes Wasser
4 cl brauner Rum oder Strohrum
1 Teel. Butter
Muskatnuß, frisch gerieben
Was Sie sonst noch brauchen:
1 schweres Whiskeyglas oder 1 Tasse (vorgewärmt, siehe Seite 11)
1 Löffel

1. Den Würfelzucker auf den Boden des Glases oder der Tasse legen und heißes Wasser darübergießen, bis es zu etwa zwei Dritteln voll ist.
2. Den Rum und die Butter dazugeben und so lange rühren, bis sich die Butter ganz aufgelöst hat.
3. Die Oberfläche des Getränks leicht mit frisch geriebener Muskatnuß bestreuen und den Drink sofort servieren.

Rum Toddy

Aus den englischen Kolonien Ostasiens stammt der Toddy, der mit Rum oder einer beliebigen anderen Spirituose angesetzt wird und dann auch den entsprechenden Namen trägt: »Whiskey Toddy«, »Gin Toddy«, »Brandy Toddy« …

Zutaten für 1 Drink:
1 Stück Würfelzucker
heißes Wasser
4 cl brauner Rum oder Strohrum
1/2 Zitrone (Schale unbehandelt)
4 Gewürznelken
Was Sie sonst noch brauchen:
1 hitzefestes Glas oder 1 Tasse (vorgewärmt, siehe Seite 11)
1 Teelöffel
1 spitzes Küchenmesser

1. Den Würfelzucker auf den Boden des Glases oder der Tasse legen und heißes Wasser darüber gießen, bis es zu etwa zwei Dritteln voll ist.
2. Den Rum dazugeben und so lange rühren, bis sich der Zukker ganz aufgelöst hat.
3. Die halbe Zitrone heiß waschen, trockenreiben und mit dem Messer 4 kleine Einschnitte machen, in die Sie je 1 Gewürznelke stecken.
4. Die gespickte Zitronenhälfte ins Glas geben und das heiße Getränk servieren. Falls Sie mehr als ein Glas trinken wollen, die Zitrone herausnehmen und wiederverwenden.

Im Bild von vorne nach hinten: Hot Buttered Rum, Rum Toddy, Grog-Grundrezept.

Helgoländer Grog

Wenn's draußen in der Nordsee richtig wild daherweht, setzt sich der Helgoländer in die warme Stube und braut sich was Feines zurecht.

Zutaten für 1 Drink:
4 cl Jamaika-Rum oder Strohrum
2 cl Rotwein
1 Zitronenscheibe (Schale unbehandelt)
kochendheißes Wasser
2 Stück Kandiszucker
Was Sie sonst noch brauchen:
1 hitzefestes Glas oder 1 Tasse (vorgewärmt, siehe Seite 11)
1 kleinen Kochtopf
1 Teelöffel

1. Den Rum und den Rotwein in den Kochtopf geben und kurz erhitzen (nicht kochen lassen!).
2. Die Mischung ins vorgewärmte Glas gießen, mit der Zitronenscheibe garnieren, mit heißem Wasser nach Belieben aufgießen und servieren.
3. Bei Tisch den Kandiszucker mit dem Löffel ins Glas geben; dabei zerspringt der Zucker mit einem musikalischen Klingeln. Umrühren und genießen.

Blue Blazer

In einem dunklen Zimmer kommt diese flammende Spezialität aus Amerika am besten zur Geltung.

Zutaten für 1 Drink:
1 Zitrone (Schale unbehandelt)
6 cl Bourbon Whiskey
6 cl kochendheißes Wasser
1 Teel. Puderzucker
Was Sie sonst noch brauchen:
2 Tassen oder hitzefeste Henkelgläser (vorgewärmt, siehe Seite 11)
1 Messer
1 kleinen Kochtopf
Streichhölzer

1. Die unbehandelte Zitrone gründlich heiß waschen, trockenreiben und die Schale mit dem Messer spiralförmig und dünn abschälen.
2. Den Whiskey in den Kochtopf gießen und erhitzen (nicht kochen lassen!). Den Whiskey in die eine vorgewärmte Tasse gießen. Das heiße Wasser und den Puderzucker in die andere vorgewärmte Tasse geben. Den Whiskey mit einem Streichholz anzünden (siehe Seite 10). Beide Tassen in die Hand nehmen.
3. Den brennenden Whiskey aus der ersten Tasse zum heißen Wasser in der zweiten Tasse gießen, dann die gesamte Flüssigkeit zurück in die erste Tasse fließen lassen. Den Vorgang 5- oder 6mal wiederholen. Mit etwas Übung können Sie einen richtigen Feuerstrom zwischen beiden Gläsern entstehen lassen.
4. Den Blue Blazer mit der Zitronenspirale garnieren und heiß trinken.

Flames Over Jersey

Von den sturmumwehten Inseln vor der Küste der Normandie stammt diese flammende Köstlichkeit, die Ihren Gästen mit gespenstischem Flammenzucken wohlige Schauer über den Rücken jagen wird.

Zutaten für 1 Drink:
4 cl Calvados
1 Teel. Angostura-Bitter
1 Teel. Puderzucker
etwa 5 cm Zitronenschale (unbehandelt)
kochendheißes Wasser
Was Sie sonst noch brauchen:
1 hitzefestes Glas oder 1 Tasse (vorgewärmt, siehe Seite 11)
1 kleinen Kochtopf
1 Teelöffel
Streichhölzer

1. Den Calvados, den Angostura-Bitter und den Puderzucker in den Topf geben und erhitzen, bis die Mischung fast kocht. Ab und zu umrühren.
2. Vom Herd nehmen und in das vorgewärmte Glas oder in die Tasse gießen. Sofort anzünden (siehe Seite 10) und gleich servieren. Die Zitronenschale dazugeben und den Drink bei Tisch mit dem kochendheißen Wasser nach Belieben aufgießen und ablöschen.

Im Bild vorne: Helgoländer Grog.
Im Bild hinten rechts:
Flames over Jersey, links: Blue Blazer.

Honig-Grog

Ich trinke diesen Seelenwärmer im Winter vor allem dann am liebsten, wenn eine Erkältung im Anmarsch ist – und dann ab in die Federn!

Zutaten für 1 Drink:
1 Zitrone · 4 cl Strohrum
kochendheißes Wasser
1 Eßl. Honig
Was Sie sonst noch brauchen:
1 hitzefestes Glas oder 1 Tasse
1 Saftpresse · 1 Eßlöffel

1. Die Zitrone auspressen und den Saft ins Glas oder in die Tasse gießen.
2. Den Strohrum dazugeben. Mit kochendheißem Wasser nach Belieben auffüllen.
3. Den Honig mit dem Eßlöffel ins Glas oder in die Tasse geben und umrühren – fertig!

Schweden-Grog

Die Schweden sind bekanntlich trinkfeste Kerle. Wer es ihnen nachmachen will, muß nur etwas weniger Wasser für diesen Drink verwenden …

Zutaten für 1 Drink:
1 Zitrone · 1 Stück Würfelzucker
4 cl Aquavit
kochendheißes Wasser
Was Sie sonst noch brauchen:
1 hitzefestes Glas oder 1 Tasse
1 Saftpresse · 1 Teelöffel

1. Die Zitrone auspressen und den Saft ins Glas gießen.
2. Den Würfelzucker und den Aquavit ebenfalls ins Glas geben.
3. Mit heißem Wasser nach Belieben auffüllen und so lange umrühren, bis sich der Zucker ganz aufgelöst hat. Den Schweden-Grog sofort servieren.

Canadian Grog

Zutaten für 1 Drink:
2 cl Canadian Whisky
2 cl weißer Rum · 1 Eßl. Ahornsirup
kochendheißes Wasser
Zum Garnieren:
1 Zitronenscheibe (Schale unbehandelt)
Was Sie sonst noch brauchen:
1 hitzefestes Glas oder 1 Tasse
1 Eßlöffel

1. Den Whisky und den Rum ins Glas gießen und den Ahornsirup vom Löffel ins Glas oder in die Tasse tropfen lassen.
2. Den Drink mit kochendheißem Wasser nach Belieben aufgießen und ein paarmal mit dem Löffel umrühren. Den Canadian Grog zum Schluß mit der Zitronenscheibe garnieren.

Hot Brick Toddy

Die amerikanische Variante des englischen Toddy erhält durch einen kleinen Löffel Butter eine besonders weiche, wohltuende Note.

Zutaten für 1 Drink:
4 cl Bourbon Whiskey
1 Teel. Butter
1 Teel. Puderzucker
kochendheißes Wasser
1 Prise Zimtpulver
Was Sie sonst noch brauchen:
1 hitzefestes Glas oder 1 Tasse (vorgewärmt, siehe Seite 11)
1 Teelöffel

1. Den Bourbon ins vorgewärmte Glas gießen.
2. Die Butter und den Puderzucker dazugeben und das Glas mit kochendheißem Wasser nach Belieben auffüllen. Kurz mit dem Löffel umrühren.
3. Eine kleine Prise Zimtpulver auf die Oberfläche streuen und den Drink sofort servieren.

Franzmann-Grog

Das ist Lebensart! Bei dieser französischen Abart des gewöhnlichen Grogs kommt gewärmter Rotwein statt Wasser ins Glas.

Zutaten für 1 Drink:
1/4 l trockener Rotwein
2 cl brauner Rum oder Strohrum
Kandiszucker nach Belieben
Zum Garnieren: 1 Zitronenscheibe (Schale unbehandelt)
Was Sie sonst noch brauchen:
1 großes hitzefestes Glas oder 1 Tasse (vorgewärmt, siehe Seite 11)
1 kleinen Kochtopf · 1 Teelöffel

1. Den Rotwein in den Topf gießen und erhitzen (nicht kochen lassen!). Den Rum ins vorgewärmte Glas gießen und mit dem heißen Rotwein auffüllen.
2. Den Grog mit der Zitronenscheibe garnieren. Den Kandiszucker vorsichtig mit dem Löffel ins Glas geben und umrühren.

Im Bild von vorne nach hinten: Franzmann-Grog, Honig-Grog, Hot Brick Toddy, Canadian Grog, Schweden-Grog

Wein beflügelt die Sinne

Im Wein liegt nicht nur Wahrheit, Wein ist auch eine beliebte Basis für vielerlei heiße Drinks. Das reicht von einfachen bis hin zu anspruchsvollen Kompositionen. Eines haben sie alle gemeinsam: Sie beflügeln die Sinne und wärmen von innen heraus.

Glögg

Ein echter Seelenwärmer aus Skandinavien, wo es im Winter bekanntlich besonders kalt werden kann.

Zutaten für 8–10 Drinks:
20 Kardamomkapseln
1/2 Orange (Schale unbehandelt)
2 l kräftiger Rotwein · 1 Zimtstange
25 Gewürznelken
150 g Rosinen (ungeschwefelt)
150 g abgezogene Mandeln
1/2 l Weinbrand oder Aquavit
15 Stück Würfelzucker
Was Sie sonst noch brauchen:
hitzefeste Gläser oder Tassen
1 großen und 1 kleinen Kochtopf
1 Rechaud · 1 Drahtgitter
1 Eßlöffel · Streichhölzer
1 Schöpflöffel

1. Die Kardamomsamen aus den Kapseln nehmen. Die Orange schälen und die Schale in kleine Stücke schneiden. Diese mit dem Rotwein, dem Zimt, den Kardamomsamen und den Nelken in den großen Kochtopf geben und auf dem Herd zum Kochen bringen. Die Hitze herunterschalten und den Wein zugedeckt ziehen lassen.
2. Nach etwa 15 Minuten die Rosinen und die Mandeln dazugeben, dann weitere 15 Minuten köcheln lassen. Den Weinbrand oder den Aquavit in dem kleinen Kochtopf erwärmen (nicht kochen lassen!).
3. Den großen Topf vom Herd nehmen und auf dem angezündeten Rechaud heiß halten. Das Drahtgitter darüber legen und den Würfelzucker darauf verteilen. Den Weinbrand oder den Aquavit mit dem Löffel über den Zucker gießen und mit einem Streichholz anzünden. Der brennende Zucker schmilzt langsam und fällt durch das Gitter in den Topf.
4. Sobald der Zucker geschmolzen ist, den Glögg mit dem Schöpflöffel in die Gläser füllen und servieren. Jeder sollte ein paar Rosinen und Mandeln abbekommen.

Glühwein

Vergessen Sie das Beutelzeugs, das Sie vom Weihnachtsmarkt her kennen. Ein richtiger, kräftiger Glühwein schmeckt nicht nur viel aromatischer, er wärmt auch durch und durch.

Zutaten für 1 Drink:
1 Stück Würfelzucker
1/4 l trockener Rotwein
1/2 Zitrone (Schale unbehandelt)
1/2 Stange Zimt
einige Tropfen Curaçao-Likör
Was Sie sonst noch brauchen:
1 hitzefestes Glas oder 1 Tasse
1 kleinen Kochtopf · 1 Teelöffel
1 Sieb

1. Den Würfelzucker in den Kochtopf geben und mit dem Rotwein übergießen.
2. Die halbe Zitrone heiß waschen, trockenreiben und dünn schälen. Die Schale zusammen mit der halben Zimtstange in den Kochtopf geben. Die Zutaten langsam erhitzen, bis sich Schaum bildet (aber ja nicht kochen lassen!).
3. Bevor der Wein zu kochen beginnt, den Kochtopf vom Herd nehmen und den Schaum, der sich gebildet hat, mit dem Löffel abschöpfen.
4. Ein paar Tropfen Curaçao-Likör zum Wein geben, kurz umrühren und die Mischung einige Minuten ziehen lassen.
5. Den Glühwein durch das Sieb ins Glas oder in die Tasse gießen und servieren.

Variante:

Weißer Glühwein, 8–10 Drinks:
Dafür eignet sich am besten würziger Weißwein wie Muskat, Ruländer oder ein guter Pinot Tokayer aus dem Elsaß. 8 Stück Würfelzucker in einem Topf mit 1 l Weißwein übergießen. 1 unbehandelte, in Scheiben geschnittene Orange, 4 Gewürznelken und 1 Stange Zimt dazugeben. Bei mittlerer Hitze bis vor den Siedepunkt erhitzen (nicht kochen lassen!), den Glühwein dann bei schwacher Hitze noch etwa 15 Minuten ziehen lassen. Ohne die Gewürze servieren (mit dem Schöpflöffel durch ein Sieb in die hitzefesten Gläser füllen).

Bild oben: Glögg
Bild unten: Glühwein

Seehund-Glühwein

Eine Mischung aus Grog und Glühwein, die es in sich hat – vor allem durch rumgetränkte Rosinen!

Zutaten für 1 Drink:
10 Rosinen (ungeschwefelt)
4 cl brauner Rum
1/4 l trockener Weißwein
1 Teel. Zucker · 1 Prise Zimtpulver
Zum Garnieren:
1 Zitronenscheibe (Schale unbehandelt)
Was Sie sonst noch brauchen:
1 hitzefestes Glas oder 1 Tasse
1 »doppeltes« Schnapsglas oder
1 kleine Tasse · 1 kleinen Kochtopf
1 Teelöffel

1. Die Rosinen in das Schnapsglas geben, mit dem Rum übergießen und etwa 1 Stunde quellen lassen.
2. Den Rum und die Rosinen zusammen mit dem Weißwein und dem Zucker in den Kochtopf geben und erhitzen, aber nicht kochen lassen.
3. Die heiße Mischung ins hitzefeste Glas geben. Den Drink mit der Zitronenscheibe garnieren.
4. Zum Schluß den Zimt auf die Oberfläche streuen. Mit dem Löffel servieren, damit man die Rosinen herausfischen kann.

Glühwein »ohne«

(Alkoholfrei)

Zutaten für 1 Drink:
1/4 l Wasser
3 Eßl. Johannisbeersaft
1 Teel. Orangenblütentee
1 Gewürznelke · 1 Zimtstange
1/2 Zitrone · 1 Teel. Puderzucker
Zum Garnieren:
1 Zitronenscheibe (Schale unbehandelt)
Was Sie sonst noch brauchen:
1 hitzefestes Glas oder 1 Tasse
1 kleinen Kochtopf · 1 Saftpresse
1 Rührlöffel · 1 Sieb

1. Das Wasser und den Johannisbeersaft im Topf aufkochen. Den Tee und die Gewürze dazugeben und alles etwa 3 Minuten ziehen lassen.
2. Die Zitrone auspressen und den Saft in den Topf dazugießen. Den Puderzucker dazugeben und kurz umrühren.
3. Die Mischung durch das Sieb ins Glas gießen. Mit der Zitronenscheibe garnieren und heiß servieren.

Vin Brulé

Dieses alte, französische Hausrezept gegen Erkältung wirkt nicht nur Wunder – es sorgt auch für eine verzauberte Atmosphäre in einem abgedunkelten Zimmer.

Zutaten für 6–8 Drinks:
8 Stück Würfelzucker
1 l trockener Rotwein
4 Zimtstangen
6 Gewürznelken
1 Spirale Orangenschale (unbehandelt)
1/4 l Weinbrand oder Rum
Was Sie sonst noch brauchen:
hitzefeste Gläser oder Tassen (vorgewärmt, siehe Seite 11)
1 Kochtopf · 1 Rechaud
Streichhölzer · 1 Schöpflöffel

1. Den Würfelzucker, den Rotwein, die Zimtstangen, die Nelken und die Orangenschale in den Topf geben und alles bei mittlerer Hitze auf dem Herd kurz zum Kochen bringen. Den Topf vom Herd nehmen, umrühren und die Zimtstangen entfernen. Den Weinbrand oder Rum dazugießen.
2. Den Topf auf den angezündeten Rechaud stellen. Den Alkohol mit einem Streichholz entzünden (siehe Seite 10).
3. Den Vin Brulé portionsweise mit dem Schöpflöffel in die vorgewärmten Gläser oder Tassen geben.

Prophylaxis

Vorbeugen ist bekanntlich besser als heilen. Also: Bei ersten Anzeichen von Husten oder Schnupfen ab in die Küche und eine Portion von diesem feurigen Erkältungs-Killer mixen.

Zutaten für 1 Drink:
1/4 l trockener Rotwein
4 cl Jamaika-Rum oder Strohrum
1 Eßl. Honig
Was Sie sonst noch brauchen:
1 hitzefestes Glas oder 1 Tasse
1 kleinen Kochtopf · 1 Eßlöffel

1. Den Rotwein in den Kochtopf gießen und erwärmen (nicht kochen lassen!).
2. Den Topf vom Herd nehmen, den Rum dazugießen und den Honig unterrühren. In das hitzefeste Glas gießen. So heiß trinken, wie Sie können.

Im Bild von vorne nach hinten: Glühwein »ohne«, Seehund-Glühwein (links), Prophylaxis (rechts), Vin Brulé.

Sherry-Punsch

Am besten schmeckt dieser spanische Verwandte des Glühweins, wenn Sie einen trockenen Manzanilla – den besten aller Sherries – verwenden.

Zutaten für 1 Drink:
2 Stück Würfelzucker
1/8 l Sherry (Sorte nach Belieben)
4 cl Arrak
heißes Wasser
Zum Garnieren:
1 Zitronenscheibe (Schale unbehandelt)
Was Sie sonst noch brauchen:
1 hitzefestes Glas oder 1 Tasse (vorgewärmt, siehe Seite 11)
1 kleinen Kochtopf
1 Teelöffel

1. Den Würfelzucker in den Kochtopf geben und mit dem Sherry übergießen.
2. Den Topf auf den Herd stellen und den Sherry bei mittlerer Hitze erwärmen (nicht kochen lassen!).
3. Den Topf vom Herd nehmen, den Arrak dazugießen. In das vorgewärmte Glas umfüllen, mit heißem Wasser aufgießen, den Drink mit der Zitronenscheibe garnieren und sofort servieren.

Hot Claret Cup

Stilecht servieren die Engländer ihren Claret Cup in einem Silberpokal, der von Gast zu Gast weitergereicht wird. Im Sommer nimmt man statt heißem Wasser gestoßenes Eis, um aus dieser Winter-Spezialität einen ebenso erfrischenden wie geselligen Longdrink zu machen.

Zutaten für 6–8 Drinks:
2 Eßl. Zucker
3/4 l trockener Rotwein (am besten ein Bordeaux)
4 cl Maraschino (Kirschlikör)
1/4 l Weinbrand oder Cognac
1 Prise frisch geriebene Muskatnuß
Was Sie sonst noch brauchen:
1 großen Silberpokal oder hitzefeste Gläser oder Tassen
1 Kochtopf
1 Rührlöffel
1 Stoffserviette

1. Die beiden Eßlöffel Zucker in den Kochtopf geben. Dann den Rotwein, den Maraschino und den Weinbrand oder den Cognac über den Zucker gießen und umrühren.
2. Die Mischung bei mittlerer Hitze erwärmen, bis sich feiner, weißer Schaum auf der Oberfläche bildet. Die Hitze herunterschalten und die Flüssigkeit etwa 10 Minuten ziehen lassen, ohne zu kochen.
3. Den Claret Cup in den Silberpokal gießen und mit etwas Muskat bestreuen.
4. Die Stoffserviette durch den Henkel des Pokals hängen und diesen auf den Tisch stellen. Jeder wischt, nachdem er getrunken hat, den Rand des Pokals mit der Serviette kurz ab.

Negus

Der Überlieferung nach erfand ein gewisser Francis Negus, Colonel Seiner Britischen Majestät dieses klassische Rezept bereits im 18. Jahrhundert.

Zutaten für 1 Drink:
1 Zitrone (Schale unbehandelt)
1/8 l Portwein
1 Teel. Puderzucker
frisch geriebene Muskatnuß
Was Sie sonst noch brauchen:
1 hitzefestes Glas oder 1 Tasse (vorgewärmt, siehe Seite 11)
1 Saftpresse
1 kleinen Kochtopf
1 Teelöffel

1. Die Zitrone mit heißem Wasser waschen, abtrocknen und ein etwa 5 cm langes Stück Schale dünn abschälen. Anschließend 1 Zitronenscheibe abschneiden und für die Garnitur beiseite legen. Die restliche Zitrone auspressen und den Saft in den Kochtopf geben.
2. Den Portwein und den Puderzucker dazugeben und alles auf dem Herd bei mittlerer Hitze erwärmen (nicht kochen lassen!). Ab und zu umrühren.
3. Den Negus ins vorgewärmte Glas gießen. Die Oberfläche mit etwas Muskat bestreuen und das Getränk sofort heiß servieren.

Im Bild von vorne nach hinten: Sherry-Punsch, Negus, Hot Claret Cup.

Irish Coffee

Was wäre ein Winterabend in Irland ohne diese weltberühmte Mischung aus würzigem Kaffee, feurigem Whiskey und kühler Creme? Aber achten Sie bitte auf die Sahne: sie sollte nicht flüssig, sondern halbsteif geschlagen sein. Noch besser ist echter irischer Doppelrahm, der auch ungeschlagen wie eine Haube auf dem Drink schwimmt. Sie bekommen ihn in manchen Feinkostgeschäften. Trinken Sie den Irish Coffee durch die Sahne hindurch – aber passen Sie auf, daß Sie sich dabei den Mund nicht verbrennen...

Zutaten für 1 Drink:
4 cl Irish Whiskey
1–2 Teel. brauner Zucker
1 Tasse starker, heißer Kaffee
(siehe Seite 12)
2 Eßl. leicht geschlagene Sahne
Nach Belieben: Schokoraspel
Was Sie sonst noch brauchen:
1 hitzefestes Glas
(am besten natürlich ein richtiges
Irish-Coffee-Glas) oder 1 Tasse
1 Kerze
1 Teelöffel

1. Den Whiskey ins Glas gießen und dieses über der Kerze kurz anwärmen. Dabei die Kerzenflamme nicht mit dem Glas berühren, sonst gibt es häßliche Rußspuren.

2. Den braunen Zucker vorsichtig in den Whiskey geben.

3. Das Glas bis etwa 2 Zentimeter unter den Rand mit dem heißen Kaffee auffüllen und gut umrühren.

4. Die leicht geschlagene Sahne langsam mit Hilfe des Löffels ins Glas gleiten lassen, bis die Oberfläche ganz bedeckt ist. Auf Wunsch können Sie noch ein paar Schokoraspel auf die Sahnehaube streuen.

Café Brulôt

Ein heißer, aromatischer Klassiker aus Frankreich, der zum Abschluß eines üppigen Festmahls wahre Wunder wirkt.

Zutaten für 1 Drink:
1 Orange (Schale unbehandelt)
1 Zitrone (Schale unbehandelt)
2 Stück Würfelzucker
4 Gewürznelken
1 Zimtstange
4 cl Cognac oder Weinbrand
2 cl weißer Curaçao-Likör
1 Tasse heißer, starker Kaffee (siehe Seite 12)

Was Sie sonst noch brauchen:
1 Tasse (vorgewärmt, siehe Seite 11)
1 scharfes Messer
1 flachen Kochtopf
1 Teelöffel
Streichhölzer
1 Schöpflöffel

1. Die Orange und die Zitrone mit heißem Wasser waschen, abtrocknen und so schälen, daß die bittere weiße Haut an den Früchten bleibt. Die Schale in feine, streichholzlange Streifen schneiden.

2. Die Schalenstreifen zusammen mit dem Würfelzucker, den Nelken und der Zimtstange in den Kochtopf legen. Den Cognac und den Curaçao-Likör dazugießen und alles bei schwacher Hitze auf dem Herd erhitzen (nicht kochen lassen!). Die Zutaten dabei gut verrühren, bis sich der Würfelzucker ganz aufgelöst hat.

3. Mit einem Streichholz den Alkohol in dem Topf anzünden (siehe Seite 10) und ein paar Sekunden brennen lassen. Mit dem heißen Kaffee ablöschen.

4. Den Café Brulôt mit dem Schöpflöffel in die vorgewärmte Tasse geben und sofort servieren.

KÖSTLICHES MIT KAFFEE

Brown Beauty

Eine exotische Schönheit, die vor allem nach einem schweren Essen wieder munter macht.

Zutaten für 1 Drink:
4 cl Amaretto (Mandellikör)
1 Tasse starker, heißer Kaffee (siehe Seite 12)
1 Kugel Mokkaeis
Zum Garnieren:
frisch gemahlene Korianderkörner
Was Sie sonst noch brauchen:
1 hitzefestes Glas (vorgewärmt, siehe Seite 11)
1 Teelöffel

1. Den Amaretto ins vorgewärmte Glas gießen. Den Kaffee dazufließen lassen und anschließend gut umrühren.
2. Die Kugel Mokkaeis ins Glas geben.
3. Die Brown Beauty mit frisch gemahlenem Koriander bestreuen. Den Drink mit dem Löffel schnell servieren, bevor das Eis schmilzt.

Calle Foscari

Stilecht schmeckt dieser italienische Winter-Digestif, wenn er mit echtem Espresso aufgegossen wird. Falls Sie keine Espresso-Maschine besitzen: Es gibt auch fertigen Instant-Espresso in Pulverform, den Sie gut als Ersatz nehmen können.

Zutaten für 1 Drink:
2 cl Amaretto (Mandellikör)
2 cl Weinbrand
1 Espressotasse heißer Espresso (2 cl)
Zucker
Was Sie sonst noch brauchen:
1 hitzefestes Glas oder 1 Tasse
1 kleinen Kochtopf
1 Teelöffel

1. Den Amaretto und den Weinbrand in dem Kochtopf kurz erwärmen (nicht kochen lassen!). In das Glas oder die Tasse umfüllen.
2. Mit dem heißen Espresso aufgießen und servieren.
3. Je nach Geschmack mit etwas Zucker süßen – aber Achtung: der Amaretto-Likör ist bereits sehr süß.

Mokka-Grog

Einfach wie ein Grog, anregend wie eine Tasse schwarzen Kaffees: Diese Spezialität aus der Normandie ist genau das Richtige nach einem belebenden Spaziergang durch eine verschneite Winterlandschaft.

Zutaten für 1 Drink:
1/2 Zitrone
1–2 Stück Würfelzucker
2 cl Armagnac
1 Tasse heißer, starker Kaffe (siehe Seite 12)
Was Sie sonst noch brauchen:
1 hitzefestes Glas oder 1 Tasse
1 kleinen Kochtopf
1 Teelöffel

1. Die halbe Zitrone auspressen. Den Würfelzucker in den Topf geben und mit dem Armagnac und dem Zitronensaft übergießen.
2. Den Topf bei mittlerer Hitze auf die Herdplatte stellen und leicht erhitzen (nicht kochen lassen!). Dabei mit dem Löffel umrühren, bis der Zucker sich ganz aufgelöst hat. Alles in das Glas oder die Tasse umfüllen.
3. Mit dem heißen, möglichst starken Kaffee aufgießen und sofort servieren.

Café Borgia

(Alkoholfrei)

Der Name ist das einzig Gefährliche an diesem heißen Drink, der auch ohne Alkohol die Stimmung ganz schön anheizt.

Zutaten für 1 Drink:
1 Tasse starker, heißer Kaffee (siehe Seite 12)
1 Teel. Kakaopulver
1 Teel. Puderzucker
1 Orange (Schale unbehandelt)
1 gehäufter Eßl. halbsteif geschlagene kalte Sahne
Was Sie sonst noch brauchen:
1 hitzefestes Glas oder 1 Tasse
1 Küchenreibe
1 Teelöffel

1. Den Kaffee in die Tasse oder ins Glas gießen und das Kakaopulver und den Puderzukker dazugeben.
2. Mit der Küchenreibe etwas Orangenschale (etwa 1/2 Teelöffel voll) in die Tasse reiben. Gut umrühren.
3. Die halbsteif geschlagene Sahne mit Hilfe des Löffels auf die Oberfläche gleiten lassen. Heiß servieren.

Im Bild von vorne nach hinten: Café Borgia, Brown Beauty, Mokka-Grog, Calle Foscari.

Dänischer Kaffeepunsch

Wenn es mal an der Nordsee stürmt und schneit, brüht sich der Däne einen starken Kaffee, stellt die Aquavit-Flasche auf den Tisch und holt dann eine blitzblanke 10-Öre-Münze aus der Tasche …

Zutaten für 1 Drink:
etwa 1/8 l Aquavit
etwa 1/4 l heißer, starker Kaffee (siehe Seite 12)
Was Sie sonst noch brauchen:
1 Tasse
1 saubere Silbermünze (am besten ein dänisches 10-Öre-Stück)

1. Die Münze auf den Boden der Tasse legen.
2. So viel Kaffee in die Tasse gießen, bis man die Münze nicht mehr sehr kann.
3. Nun so lange Aquavit in die Tasse gießen, bis die Münze wieder sichtbar wird.
4. Wiederholen Sie diesen Vorgang je nach Trinkfestigkeit und Stimmung beliebig oft …

Pharisäer

In einem friesischen Dorf sollen die Leute vor langer Zeit die Angewohnheit gehabt haben, ihren Kaffeegrog mit einer Sahnehaube zu versehen – damit der liebe Gott nicht sieht, daß sie Alkohol trinken. Der Dorfpfarrer beschimpfte sie daraufhin von der Kanzel herab: »Ihr Pharisäer…« Der Name blieb – der Drink auch.

Zutaten für 1 Drink:
1–2 Stück Würfelzucker
4 cl brauner Rum oder Strohrum
1 Tasse heißer, starker Kaffee (siehe Seite 12)
1 gehäufter Eßl. halbsteif geschlagene Sahne
Was Sie sonst noch brauchen:
1 hitzefestes Glas oder 1 Tasse
1 Teelöffel

1. Den Würfelzucker auf den Boden des Glases legen und den Rum darüber gießen.
2. Die Tasse mit dem Kaffee auffüllen und gut umrühren.
3. Die halbsteif geschlagene Sahne vorsichtig mit Hilfe des Löffels auf die Oberfläche des Drinks gleiten lassen. Sofort servieren.

Kaiser-Melange

Eine Köstlichkeit aus den unzähligen Kaffeehäusern Wiens. Angeblich kurierten die Habsburger damit ihren Husten …

Zutaten für 1 Drink:
1 Ei · 2 Eßl. Sahne
1–2 Teel. Zucker · 2 cl Weinbrand
1 Tasse heißer, starker Kaffee (siehe Seite 12)
Zum Garnieren:
Schokoraspel
Was Sie sonst noch brauchen:
1 hitzefestes Glas oder 1 Tasse
1 kleinen Kochtopf · 1 Teelöffel

1. Das Ei trennen. Das Eigelb in das Glas oder in die Tasse geben und mit etwas kaltem Wasser verrühren, bis sich eine helle Mischung ergibt (das Eiweiß anderweitig verwenden).
2. Die Sahne in den Topf geben und kurz erhitzen. Den Zukker dazugeben und verrühren.
3. Die heiße Sahne und den Weinbrand in die Tasse geben. Alle Zutaten gut umrühren und dann mit dem heißen Kaffee aufgießen. Mit Schokoraspeln garnieren und sofort servieren.

Mexican Coffee

Eine exotische Mischung: Kaffee und Tequila. Da kann die Fiesta losgehen!

Zutaten für 1 Drink:
1 Teel. brauner Zucker
3 cl Tequila
2 cl Kahlua (Kaffeelikör)
1 gehäufter Eßl. halbsteif geschlagene Sahne
1 Tasse heißer, starker Kaffe (siehe Seite 12)
Was Sie sonst noch brauchen:
1 hitzefestes Glas oder 1 Tasse (vorgewärmt, siehe Seite 11)
1 Teelöffel

1. Den braunen Zucker in das vorgewärmte Glas geben.
2. Den Tequila und den Kahlua ins Glas gießen und gut umrühren, bis sich der Zucker ganz aufgelöst hat.
3. Mit dem heißen Kaffee aufgießen, bis das Glas zu drei Vierteln voll ist.
4. Die Schlagsahne vorsichtig mit Hilfe des Eßlöffels auf die Oberfläche des Drinks gleiten lassen. Sofort servieren.

Im Bild von vorne nach hinten: Pharisäer, Dänischer Kaffeepunsch, Kaiser-Melange, Mexican Coffee.

Café Caën

Die Normannen verstehen es, sich das Leben möglichst angenehm zu machen. Diese Mischung aus Calvados und Kaffee hat es nämlich in sich – und hebt unbedingt die Laune!

Zutaten für 1 Drink:
4 cl Calvados
2 cl Grand Marnier (Orangenlikör)
1 Teel. Puderzucker
1 Tasse heißer, starker Kaffee
1 gehäufter Eßl. halbsteif geschlagene Sahne
Was Sie sonst noch brauchen:
1 hitzefestes Glas oder 1 Tasse (vorgewärmt, siehe Seite 11)
1 kleinen Kochtopf
1 Teelöffel

1. Den Calvados und den Grand Marnier in den Topf geben und bei mittlerer Hitze erwärmen (aber nicht kochen lassen!).
2. Den Puderzucker dazugeben und alles gut umrühren. Die Mischung in das vorgewärmte Glas geben und mit dem Kaffee auffüllen.
3. Die Sahne vorsichtig mit Hilfe des Löffels auf die Oberfläche gleiten lassen. Sofort servieren.

Wiener Orangen-Kaffee

Die Türken brachten die Kaffeebohne angeblich 1683 mit nach Wien, und der »Türkentrank« ist bis heute das Lieblingsgetränk der Wiener geblieben. Es gibt Dutzende von Varianten, vom »kleinen Schwarzen« über den »Vierspänner« bis zur »Melange« (halb Kaffee, halb Milch). Diese fruchtige Version wird gerne in der winterlichen Jahreszeit getrunken, wenn ein kalter Wind um den Stephansdom pfeift.

Zutaten für 1 Drink:
1 Orange (Schale unbehandelt)
2 Eßl. frisch gemahlener Kaffee
kochendheißes Wasser
1 Stück Würfelzucker
4 cl Cognac oder Weinbrand
1 Prise Zimtpulver
Was Sie sonst noch brauchen:
1 Tasse (vorgewärmt, siehe Seite 11)
1 Küchenreibe
1 Kaffeefilter mit Filtertüte
1 Teelöffel

1. Die Orange heiß waschen, trockenreiben und mit der Küchenreibe etwa 1 Teelöffel von der Schale abreiben.
2. Den frisch gemahlenen Kaffee und die geriebene Orangenschale in die Filtertüte geben. Den Filter auf die Tasse stellen und wie gewohnt mit kochendheißem Wasser aufgießen.
3. Den Filter von der Tasse nehmen. Den Würfelzucker und den Cognac in die Tasse geben und gut umrühren.
4. Das Zimtpulver auf die Oberfläche streuen und den Orangen-Kaffee möglichst heiß trinken.

Cremat

In Katalonien trinkt man den Kaffee gerne würzig und süß. Aber Achtung: Der Cremat rinnt wie Feuer durch die Adern.

Zutaten für 1 Drink:
1 Teel. brauner Zucker
2 cl Jamaika-Rum oder Strohrum
2 cl Spanischer Brandy oder Weinbrand
etwa 5 cm Zitronenschale (unbehandelt)
1 Zimtstange
1 Prise frisch geriebene Muskatnuß
1 Tasse heißer, starker Kaffee (siehe Seite 12)
Was Sie sonst noch brauchen:
1 hitzefestes Glas oder 1 Tasse
1 kleinen Kochtopf
1 Teelöffel
Streichhölzer
1 Sieb

1. Den Zucker in den Kochtopf geben. Den Rum und den Spanischen Brandy darüber gießen.
2. Die Zitronenschale und den Zimt dazugeben und alles bei mittlerer Hitze erwärmen (nicht kochen lassen!). Dabei ein paarmal umrühren.
3. Ein Streichholz anzünden und vorsichtig in den Topf halten, bis sich der Alkohol entzündet (siehe Seite 10). Etwa 20 Sekunden brennen lassen, dann mit dem heißen Kaffee ablöschen.
4. Den Cremat durch das Sieb ins Glas oder in die Tasse gießen, mit dem Muskat bestreuen und gleich servieren.

Im Bild von vorne nach hinten: Café Caën, Cremat, Wiener Orangen-Kaffee

Kreativ mixen mit Tee

Teetrinker sind Genießer, sagt man, aber manchmal auch ein bißchen konservativ (schließlich gilt England als die eigentliche Heimat der Tee-Kultur). Schade – denn Tee eignet sich hervorragend als Basis für eine ganze Reihe von mehr oder weniger ausgefallenen Drinks. Grenzen setzt dabei nur die eigene Phantasie.

Jagertee

Zutaten für 1 Drink:
6 cl trockener Weißwein
3 cl brauner Rum · 3 cl Obstler
heißer, frisch gebrühter schwarzer Tee (siehe Seite 13)
Kandiszucker nach Belieben
Was Sie sonst noch brauchen:
1 hitzefestes Glas oder 1 Tasse (vorgewärmt, siehe Seite 11)
1 Teelöffel

1. Den Weißwein, den Rum und den Obstler in das vorgewärmte Glas gießen.
2. Die Mischung mit dem dampfendheißen schwarzen Tee nach Belieben auffüllen.
3. Kandiszucker nach Gusto ins Glas geben und zuschauen, wie er zerspringt. Umrühren.

Mulled Orange Tea

(Alkoholfrei)

Zutaten für 1 Drink:
1 Orange · 1 Zitrone
1 Tasse frisch gebrühter schwarzer Tee (siehe Seite 13)
3 Gewürznelken · 1 Zimtstange
1 Eßl. Honig
Was Sie sonst noch brauchen:
1 Tasse (vorgewärmt, siehe Seite 11)
1 Saftpresse · 1 kleinen Kochtopf
1 kleines Sieb · 1 Teelöffel

1. Die Früchte auspressen und den Saft in den Topf gießen. Den Tee dazugeben.
2. Die Nelken und die Zimtstange dazugeben und die Mischung erhitzen, bis sie kocht.
3. Alles bei schwächster Hitze etwa 10 Minuten simmern lassen.
4. Den Orangentee durch das Sieb in die vorgewärmte Tasse gießen. Den Honig dazugeben und gut umrühren.

Teepunsch à la Russe

Zutaten für 2 Drinks:
1 Orange (Schale unbehandelt)
1 Zitrone (Schale unbehandelt)
6 cl Wodka · 1 Teel. Puderzucker
heißer, frisch gebrühter schwarzer Tee (siehe Seite 13)
Was Sie sonst noch brauchen:
2 hitzefeste Gläser oder Tassen (vorgewärmt, siehe Seite 11)
1 Saftpresse · 1 kleinen Kochtopf
1 Teelöffel

1. Aus der Mitte der Orange und der Zitrone je 2 dünne Scheiben abschneiden und fürs Garnieren beiseite legen. Den Rest der Früchte auspressen.
2. Den Wodka, den Puderzukker sowie den Saft der Früchte in den Topf geben. Bei mittlerer Hitze fast zum Kochen bringen. Gut umrühren.
3. Je 1 Scheibe Orange und Zitrone in die vorgewärmten Gläser oder Tassen legen.
4. Die heiße Mischung aus dem Topf gleichmäßig in beide Gläser oder Tassen gießen und mit heißem schwarzem Tee nach Belieben auffüllen.

Fish House Punch

Zutaten für 1 Drink:
1 Teel. brauner Zucker
3 cl Jamaika-Rum · 3 cl Weinbrand
2 cl Pfirsichlikör · 1 Zitrone
heißer, frisch gebrühter schwarzer Tee (siehe Seite 13)
Was Sie sonst noch brauchen:
1 hitzefestes Glas oder 1 Tasse (vorgewärmt, siehe Seite 11)
1 kleinen Kochtopf
1 Saftpresse · 1 Teelöffel

1. Den braunen Zucker in den Kochtopf geben und den Rum, den Weinbrand und den Pfirsichlikör darüber gießen.
2. Die Zitrone auspressen und den Saft dazugeben.
3. Alles bei mittlerer Hitze erwärmen (nicht kochen lassen!) und dabei ab und zu umrühren, bis sich der Zucker ganz aufgelöst hat.
4. Diese Mischung in das vorgewärmte Glas oder die Tasse gießen und mit heißem schwarzen Tee nach Belieben auffüllen. Kurz umrühren.

Bild oben: links Jagertee, rechts Teepunsch à la Russe.
Bild unten: links Mulled Orange Tea, rechts Fish House Punch.

Japanischer Glühwein

Auch im Land der aufgehenden Sonne trinkt man sich im Winter gerne warm.

Zutaten für 1 Drink:
1 Zitrone (Schale unbehandelt)
1 Stück Würfelzucker
1/8 l Sake (japanischer Reiswein)
heißer, frisch gebrühter Jasmintee
Was Sie sonst noch brauchen:
1 hitzefestes Glas oder 1 Tasse (vorgewärmt, siehe Seite 11)
1 kleinen Kochtopf · 1 Teelöffel

1. Die Zitrone heiß waschen und die Schale trockenreiben. Den Würfelzucker ein paarmal fest an der Zitrone reiben.
2. Den Sake im Kochtopf vorsichtig erwärmen (nicht kochen lassen!). Den Würfelzucker dazugeben und solange umrühren, bis sich der Zucker aufgelöst hat.
3. Den gesüßten Sake ins vorgewärmte Glas gießen und mit frisch gebrühtem Jasmintee nach Belieben aufgießen.

Tea Nog

(Alkoholfrei)

Aus dem amerikanischen Süden stammt diese würzige Mischung aus Tee und Orangen.

Zutaten für 5–6 Drinks:
2 Orangen
3 Zitronen (Schale unbehandelt)
2 Eßl. Honig · 3 Zimtstangen
16 Gewürznelken
2–4 Teel. schwarze Teeblätter
Was Sie sonst noch brauchen:
hitzefeste Gläser oder Tassen (vorgewärmt, siehe Seite 11)
1 Saftpresse · 1 Kochtopf
1 Eßlöffel · 1 Sieb

1. 1 Zitrone heiß waschen, trockenreiben, zum Garnieren in Scheiben schneiden und beiseite legen. Die anderen Zitronen und die Orangen auspressen und den Saft in den Kochtopf gießen.
2. Den Honig, die Zimtstangen und die Gewürznelken dazugeben und alles bei mittlerer Hitze kurz aufkochen lassen. Den Topf vom Herd nehmen und die Mischung etwa 20 Minuten ziehen lassen. Zwischendurch mehrmals umrühren.
3. Den schwarzen Tee mit 1/2 l kochendem Wasser aufbrühen (siehe Seite 13), in den Topf gießen und den Inhalt auf dem Herd nochmal kurz aufkochen lassen.
4. Den Tea Nog durch das Sieb in die vorgewärmten Gläser gießen und mit den Zitronenscheiben garnieren.

Früchte-Punsch

Zutaten für 1 Drink:
1/2 Orange · 1/2 Zitrone
3 cl brauner Rum oder Strohrum
1 Teel. Puderzucker
1 Tasse frisch gebrühter Orangentee (siehe Seite 13)
Zum Garnieren:
2 frische Pfefferminzblätter
frische Erdbeeren
Was Sie sonst noch brauchen:
1 hitzefestes Glas oder 1 Tasse (vorgewärmt, siehe Seite 11)
1 Saftpresse · 1 kleinen Kochtopf
1 Teelöffel

1. Die halbe Orange und die halbe Zitrone auspressen und den Saft in den Topf gießen.
2. Den Rum und den Puderzucker dazugeben und alles bei mittlerer Hitze erwärmen (nicht kochen lassen!).
3. Den Orangentee dazugeben, kurz umrühren und in das vorgewärmte Glas umfüllen.
4. Mit den Pfefferminzblättern und den frischen Erdbeeren garnieren. Die Pfefferminzblätter werden nicht miterhitzt, weil sie sonst verwelken und unansehnlich werden.

Thé au Kirsch

Zutaten für 1 Drink:
1 Teel. Zucker · 4 cl Kirschwasser
1 Tasse frisch gebrühter Jasmintee
Zum Garnieren:
1 Cocktailkirsche
Was Sie sonst noch brauchen:
1 hitzefestes Glas oder 1 Tasse
1 kleinen Kochtopf · Streichhölzer
1 Teelöffel

1. Den Zucker auf den Boden des Topfs streuen und kurz auf dem Herd erwärmen.
2. Das Kirschwasser dazugießen und anzünden (siehe Seite 10).
3. Die bläulichen Flammen mit dem heißen Jasmintee ablöschen. Mit dem Löffel so lange rühren, bis sich der Zucker ganz aufgelöst hat. Ins Glas umgießen, mit der Cocktailkirsche garnieren und servieren.

Im Bild von vorne nach hinten: Japanischer Glühwein, Tea Nog, Früchte-Punsch, Thé au Kirsch.

Wie neugeboren mit Milch

Milch macht nicht nur müde Männer munter – sie macht auch heiße Drinks gehaltvoll und ergiebig. Sie nimmt auch gerne andere Aromastoffe auf. Das macht sie zur idealen Basis für heiße Drinks.

Rum Kuh

Zutaten für 1 Drink:
1/4 l Milch
2 cl brauner Rum oder Strohrum
1 Eßl. Honig
Was Sie sonst noch brauchen:
1 hitzefestes Glas oder 1 Tasse (vorgewärmt, siehe Seite 11)
1 kleinen Kochtopf · 1 Eßlöffel

1. Die Milch im Kochtopf erhitzen, bis sie schäumt. Sofort vom Herd nehmen.
2. Die Milch in das vorgewärmte Glas gießen und den Rum dazugeben.
3. Den Honig vom Eßlöffel ins Glas tropfen lassen und dann mit dem Löffel ein paarmal umrühren. Möglichst heiß trinken.

Sherry Milk

Zur Kolonialzeit wurde dieses nahrhafte Getränk in Amerika erfunden.

Zutaten für 1 Drink:
1/4 l Milch · 2 cl halbtrockener Sherry
1 Teel. Zucker
1 Prise frisch geriebene Muskatnuß
1 Scheibe Weißbrot · 1 Ei
Was Sie sonst noch brauchen:
1 großes vorgewärmtes Glas (siehe Seite 11) · 1 kleinen Kochtopf
1 Teelöffel · 1 kleinen Schneebesen

1. Die Milch und den Sherry im Kochtopf erwärmen (nicht kochen lassen!). Den Zucker und den Muskat dazugeben und alles kurz mit dem Löffel umrühren.
2. Das Weißbrot entrinden. Die Brotscheibe zu der Mischung in den Topf geben und so lange rühren, bis das Brot beginnt sich aufzulösen.
3. Das Ei mit dem Schneebesen im Glas schlagen (noch gehaltvoller wird der Drink, wenn Sie ein zusätzliches Eigelb dazugeben). Sobald das Ei schaumig ist, die heiße Milch-Brot-Mischung unter ständigem Rühren dazugießen. Mit dem Teelöffel servieren.

Milk Punch

Zutaten für 1 Drink:
1 Zitrone (Schale unbehandelt)
1 Ei · 1/8 l Milch · 1 Teel. Zucker
4 cl brauner Rum oder Strohrum
2 cl Weinbrand
Was Sie sonst noch brauchen:
1 hitzefestes Glas oder 1 Tasse (vorgewärmt, siehe Seite 11)
1 kleine Schüssel · 1 Schneebesen
1 kleinen Kochtopf

1. Die Zitrone heiß waschen und abtrocknen. Die Schale spiralförmig und dünn abschneiden.
2. Das Ei mit 2 Teelöffeln Milch und dem Zucker in die Schüssel geben. Das Ei mit dem Schneebesen schlagen, bis es sich ganz mit der Milch vermischt.
3. Die restliche Milch bei mittlerer Hitze kurz aufwallen lassen. Den Topf vom Herd nehmen, die Zitronenschale hinzufügen und das in Milch geschlagene Ei hineingießen. Gut durchrühren. Die Mischung etwa 5 Minuten bei ganz schwacher Hitze ziehen lassen.
4. Die Zitronenschale herausnehmen und wegwerfen. Den Rum und den Weinbrand zur Milch gießen. Alles ins vorgewärmte Glas füllen.

Sweet and Hot

Noch ein heißer Tip von Münchens kreativem Barmixer Charles Schuhmann.

Zutaten für 1 Drink:
4 cl brauner Rum
2 cl Kahlua (Kaffeelikör)
6 cl Milch · 2 cl Sahne
1 Gewürznelke
etwa 5 cm Zitronenschale (unbehandelt)
Was Sie sonst noch brauchen:
1 hitzefestes Glas oder 1 Tasse
1 kleinen Kochtopf · 1 Teelöffel

1. Den Rum, den Kahlua, die Milch und die Sahne in den Kochtopf gießen, umrühen und alles bei mittlerer Hitze erwärmen (nicht kochen lassen!).
2. Die Nelke dazugeben und kurz ziehen lassen; dann wieder herausfischen.
3. Die Zitronenschale dazugeben, den Drink ins Glas umfüllen und heiß servieren.

Im Bild von vorne nach hinten: Rum Kuh, Sherry Milk, Milk Punch, Sweet and Hot.

Brown Russian

Trink, Brüderchen! Der bittersüße Schokoladen-Geschmack läßt diesen Drink aus dem kalten Sibirien gefährlich harmlos erscheinen.

Zutaten für 1 Drink:
1/4 l Milch
50 g Zartbitterschokolade
4 cl Wodka
Was Sie sonst noch brauchen:
1 hitzefestes Glas oder 1 Tasse
(vorgewärmt, siehe Seite 11)
1 kleinen Kochtopf · 1 Teelöffel

1. Etwa ein Drittel der Milch in den Topf gießen und die Schokolade dazubröckeln.
2. Den Topf bei mittlerer Hitze erwärmen und dabei mit dem Löffel umrühren, bis sich die Schokolade ganz aufgelöst hat.
3. Die restliche Milch dazugießen, kurz aufwallen lassen und den Topf dann sofort vom Herd nehmen.
4. Den Wodka in den Topf gießen und kurz umrühren. Die Mischung ins vorgewärmte Glas gießen und heiß servieren.

Goldfieber

Zutaten für 1 Drink:
1/2 Orange
4 cl brauner Rum oder Strohrum
2 cl Amaretto (Mandellikör)
4 cl Milch · 2 cl Sahne
Was Sie sonst noch brauchen:
1 hitzefestes Glas oder 1 Tasse
(vorgewärmt, siehe Seite 11)
1 Saftpresse · 1 kleinen Kochtopf
1 Teelöffel

1. Die halbe Orange auspressen und den Saft in den Topf gießen.
2. Den Rum, den Amaretto und die Milch dazugeben und alles bei mittlerer Hitze erwärmen (nicht kochen lassen!).
3. Den Topf vom Herd nehmen. Den Drink ins vorgewärmte Glas geben, kurz umrühren und dann, während sich die Flüssigkeit noch dreht, die Sahne dazugießen. Sofort servieren.

Ginger Posset

»Posset« nannte man im England des vorigen Jahrhunderts eine Reihe von heißen Mixgetränken mit Milch und Alkohol. Sie sind aber auch heute noch sehr beliebt – vor allem, wenn man statt Milch ungeschlagene Sahne verwendet.

Zutaten für 1 Drink:
1 Stück frische Ingwerwurzel
1/8 l Milch · 1/2 Scheibe Weißbrot
1 Ei · 1 Teel. Zucker
1/8 l Bier
1 Messerspitze Butter
Was Sie sonst noch brauchen:
1 hitzefestes Glas oder 1 Tasse
(vorgewärmt, siehe Seite 11)
1 kleinen Kochtopf · 1 Teelöffel

1. Die Ingwerwurzel schälen, fein hacken und in den Kochtopf geben. Die Milch darüber gießen und bei mittlerer Hitze erwärmen. Sobald sich Schaum bildet, den Topf vom Herd nehmen.
2. Das Weißbrot toasten, in kleine Stücke brechen, in den Topf geben und etwa 20 Minuten einweichen lassen.
3. Das Ei trennen (das Eiweiß anderweitig verwenden).
4. Das Eigelb, das Bier, den Zucker und die Butter in den Topf geben und alles bei mittlerer Hitze nochmals erhitzen (nicht kochen lassen!). Gut durchrühren. Noch etwa 5 Minuten bei schwacher Hitze ziehen lassen, dann ins vorgewärmte Glas gießen.

Night Cap

Ich trinke dieses »Betthupferl« im Winter am liebsten direkt vor dem Zubettgehen.

Zutaten für 1 Drink:
1/4 l Milch
6 cl brauner Rum oder Strohrum
1 Teel. Zucker
frisch geriebene Muskatnuß
Was Sie sonst noch brauchen:
1 hitzefestes Glas oder 1 Tasse
1 kleinen Kochtopf · 1 Teelöffel

1. Die Milch im Kochtopf erhitzen, bis Dampf aufsteigt und sie kurz vor dem Kochen ist.
2. Den Rum und den Zucker in das Glas oder in die Tasse geben und mit der heißen Milch auffüllen.
3. Den Night Cap kurz mit dem Löffel umrühren und mit möglichst frisch geriebenem Muskat bestreuen. Servieren, trinken – und dann ab in die Federn!

Im Bild von vorne nach hinten: Ginger Posset, Brown Russian, Night Cap (links), Goldfieber (rechts).

Heiße Tips aus England

Bier ist nach wie vor der Deutschen Lieblingsgetränk. Die meisten heißen Bier-Rezepte stammen aber aus England. Die Drinks auf diesen Seiten sind gerade in der kalten Jahreszeit eine echte Alternative zu einem kühlen Pils oder einer schaumigen Maß.

Englischer Bierpunsch

Eine richtige Kalorienbombe, die am besten mit vollmundigem Starkbier oder hellem Bockbier schmeckt.

Zutaten für 1 Drink:
1 Ei
1 Teel. Puderzucker
1 Prise Zimtpulver
1 Prise Nelkenpulver
1/4 l Bier
3 cl Weinbrand
1 Prise frisch geriebene Muskatnuß
Was Sie sonst noch brauchen:
1 hitzefestes Glas oder 1 Tasse (vorgewärmt, siehe Seite 11)
1 kleinen Kochtopf
1 Schneebesen oder Handrührgerät
1 Teelöffel

1. Das Ei, den Zucker, den Zimt und das Nelkenpulver in den Kochtopf geben und mit dem Schneebesen oder dem Handrührgerät schaumig schlagen.
2. Den Topf bei mittlerer Hitze auf die Herdplatte stellen und das Bier unter ständigem Rühren langsam dazugießen. Erhitzen, bis die Mischung fast kocht.
3. Den Topf vom Herd nehmen und den Weinbrand dazugeben. Kurz umrühren und den Bierpunsch ins vorgewärmte Glas gießen. Den Muskat darüber streuen. Den Englischen Bierpunsch sofort servieren.

Westfälischer Bierpunsch

Herzhaft und würzig wie fast alles aus Westfalen.

Zutaten für 1 Drink:
1/2 Scheibe Pumpernickel
1/4 l Weizenbier
1 Teel. Zucker
1 Teel. geriebene Zartbitterschokolade
1 Ei
Was Sie sonst noch brauchen:
1 hitzefestes Glas oder 1 Tasse (vorgewärmt, siehe Seite 11)
1 kleinen Kochtopf
1 Teelöffel
1 Schneebesen
1 kleine Schüssel

1. Den Pumpernickel zwischen den Fingern in den Topf bröseln.
2. Das Weizenbier dazugießen und den Zucker dazugeben. Alles bei mittlerer Hitze erwärmen, bis die Mischung zu kochen beginnt.
3. Den Topf vom Herd nehmen, die Schokolade hineingeben und gut unterrühren, bis sie ganz geschmolzen ist.
4. Das Ei mit dem Schneebesen in der Schüssel schaumig schlagen und dann in den Topf gießen. Den Bierpunsch ins vorgewärmte Glas gießen und heiß servieren.

Brown Betty

Stilecht ist dieser beliebte britische Digestif nur, wenn er mit echtem Ale zubereitet wird.

Zutaten für 1 Drink:
1 Stück frische Ingwerwurzel (etwa 1/2 cm) · 1 Scheibe Weißbrot
1 Teel. brauner Zucker
1 Teel. heißes Wasser
1/4 l Ale (ersatzweise dunkles Starkbier) · 2 cl Weinbrand
1 Zitronenscheibe (Schale unbehandelt)
1 Gewürznelke · 1 Zimtstange
1 Prise frisch geriebene Muskatnuß
Was Sie sonst noch brauchen:
1 hitzefestes Glas oder 1 Tasse (vorgewärmt, siehe Seite 11)
1 kleinen Kochtopf · 1 Teelöffel
1 Sieb

1. Den Ingwer schälen und in winzige Würfel schneiden.
2. Den Zucker in den Kochtopf geben und mit dem heißen Wasser verrühren.
3. Das Ale, den Weinbrand, die Zitronenscheibe, die Nelke, den Ingwer und die Zimtstange dazugeben und alles bei mittlerer Hitze erwärmen, bis Dampf aufsteigt. Gut durchrühren. Dann vom Herd nehmen und etwa 10 Minuten ziehen lassen.
4. Das Weißbrot toasten, in kleine Stücke brechen und in den Topf geben. Die Mischung durch das Sieb ins vorgewärmte Glas gießen und den Muskat darüber streuen.

Im Bild von vorne nach hinten: Englischer Bierpunsch, Westfälischer Bierpunsch, Brown Betty.

Hot Egg Beer

Nach einem langen Tag auf der Skipiste macht diese vollmundige Mischung wieder fit für einen heißen Après-Ski-Abend.

Zutaten für 1 Drink:
1/8 l Bier
1 Stück Zitronenschale (unbehandelt)
2 Teel. Zucker
2 Eier
1/8 l Milch
Was Sie sonst noch brauchen:
1 hitzefestes Glas oder 1 Tasse (vorgewärmt, siehe Seite 11)
1 kleinen Kochtopf
1 Teelöffel
1 Schüssel
1 Schneebesen

1. Das Bier in den Kochtopf gießen und die Zitronenschale und den Zucker dazugeben.
2. Alles bei mittlerer Hitze erwärmen (nicht kochen lassen!) und dabei ab und zu umrühren, bis sich der Zucker ganz aufgelöst hat.
3. Die Eier in die Schüssel schlagen und die Milch darüber gießen. Mit dem Schneebesen umrühren.
4. Etwa die Hälfte der heißen Biermischung in die Schüssel gießen. So lange mit dem Schneebesen schlagen, bis sich die Zutaten vollständig verbunden haben.
5. Die Mischung in den Kochtopf zum restlichen Bier gießen und unter ständigem Rühren erhitzen, bis sich eine dicke, schaumige Masse ergibt.
6. Den Drink vorsichtig ins vorgewärmte Glas gießen und sofort servieren.

Hot Irish

Die Iren verstehen es zu feiern. Im Winter heizt dabei dieser herzhafte Punsch aus Guiness und Ei die Stimmung weiter an.

Zutaten für 1 Drink:
1 Stück frische Ingwerwurzel (etwa 1/2 cm lang)
1/4 l Guiness Beer
6 cl trockener Weißwein
2 cl Gin
1 Teel. Zucker
1 Zimtstange
1 Ei
1 Prise frisch gemahlene Muskatnuß
Was Sie sonst noch brauchen:
1 hitzefestes Glas oder 1 Tasse (vorgewärmt, siehe Seite 11)
1 kleinen Kochtopf
1 Schneebesen oder Handrührgerät

1. Den Ingwer schälen und in winzige Würfel schneiden.
2. Das Guiness, den Weißwein, den Gin, den Ingwer, den Zucker und die Zimtstange in den Kochtopf geben und vorsichtig erhitzen (nicht kochen lassen!). Von der Herdplatte nehmen und ziehen lassen.
3. Das Ei trennen. Dazu das Ei an einem Gefäßrand aufschlagen und das Eigelb über dem Gefäß zwischen den Schalenhälften hin- und hergleiten lassen, bis das Eiweiß ins Gefäß abgeflossen ist (das Eiweiß anderweitig verwenden).
4. Das Eigelb in den Topf geben und mit dem Schneebesen oder dem Handrührgerät so lange schlagen, bis der Punsch cremig ist.
5. Den Hot Irish ins vorgewärmte Glas gießen, mit dem Muskat bestreuen und heiß servieren.

Malt Punch

Malzbier weckt bei den meisten von uns Erinnerungen an die Kinderzeit. Übrigens: Im Sommer wirkt dieser Drink, gut gekühlt mit einem Schuß Sekt, richtig erfrischend.

Zutaten für 1 Drink:
1/4 l Malzbier
6 cl halbtrockener Sherry
2 cl brauner Rum oder Strohrum
etwa 5 cm Zitronenschale (unbehandelt)
Was Sie sonst noch brauchen:
1 hitzefestes Glas oder 1 Tasse (vorgewärmt, siehe Seite 11)
1 Kochtopf
1 Teelöffel

1. Das Malzbier und den Sherry in den Kochtopf gießen und bei mittlerer Hitze erwärmen, bis Dampf aufsteigt.
2. Den Topf vom Herd nehmen, den Rum dazugießen und alles kurz umrühren.
3. Die Zitronenschale ins vorgewärmte Glas geben und den Malt Punch darüber gießen. Sofort servieren.

Im Bild von vorne nach hinten: Hot Egg Beer, Malt Punch, Hot Irish.

GUINNESS

Eier – Klassiker der Cocktailszene

Eier sind aus der klassischen Cocktailbar ebensowenig wegzudenken wie aus der Rezeptküche der heißen Drinks: Allerdings sollten Sie ein paar Dinge beim Umgang mit Eiern beachten. Es ist zunächst einmal natürlich, daß die Eier so frisch wie möglich sind. Beim Mixen wird auch immer mit dem Ei begonnen – falls etwas schiefgeht, ist der Drink nicht gleich im Eimer. Und schließlich: Arbeiten Sie dabei möglichst zügig, damit der Alkohol keine Zeit bekommt, die Eier zu zersetzen.

Eiergrog

Für Grog-Freunde, die es auch mal süß und gehaltvoll lieben. Ohne den Rum ergibt sich übrigens ein ideales Winter-Getränk für Kinder, wenn sie sich im Schnee müde getobt haben.

Zutaten für 1 Drink:
1 Ei · 1–2 Teel. Zucker
1 Prise Vanillinzucker
4 cl brauner Rum oder Strohrum
kochendheißes Wasser
Was Sie sonst noch brauchen:
1 hitzefestes Glas oder 1 Tasse (vorgewärmt, siehe Seite 11)
1 Teelöffel
1 kleinen Schneebesen
1 kleinen Kochtopf

1. Das Ei trennen. Das Eigelb in das gut vorgewärmte Glas geben (das Eiweiß anderweitig verwenden). Den Zucker und den Vanillinzucker dazugeben und so lange mit dem Schneebesen schlagen, bis die Mischung schaumig zu werden beginnt.
2. Den Rum im kleinen Topf erwärmen (nicht kochen lassen!) und anschließend ins Glas zu dem Zucker-Ei-Gemisch gießen. Mit heißem Wasser nach Belieben auffüllen. Kurz umrühren und gleich servieren.

Eggnog Baltimore

Eggnog ist auf der ganzen Welt beliebt, und es gibt deshalb auch unzählige Rezepte für heißen und kalten Eggnog. Mit gefällt dieses am besten. Es stammt von jüdischen Freunden aus Baltimore im US-Bundesstaat Ohio (wo es übrigens, wie ich es schon erlebt habe, im Winter ganz schön kalt herpfeifen kann ...).

Zutaten für 1 Drink:
1/4 l Milch · 1 Ei
1–2 Teel. Zucker
1 Prise frisch gemahlene Muskatnuß
2 cl brauner Rum
3 cl Weinbrand
2 cl Madeira
Was Sie sonst noch brauchen:
1 hitzefestes Glas oder 1 Tasse (vorgewärmt, siehe Seite 11)
2 kleine Kochtöpfe
1 Schneebesen oder Handrührgerät

1. Die Milch im ersten Kochtopf vorsichtig erwärmen (nicht kochen lassen!).
2. Das Ei trennen. Das Eigelb (das Eiweiß anderweitig verwenden) und den Zucker in den zweiten Kochtopf geben und den Muskat darüber streuen. Mit dem Schneebesen oder Handrührgerät schaumig schlagen.
3. Unter ständigem Rühren den Rum, den Weinbrand und den Madeira dazugießen.
4. Die heiße Milch in den zweiten Topf zu dem Eier-Spirituosen-Gemisch gießen. Bei mittlerer Hitze nochmals kurz auf der Herdplatte erwärmen, mit dem Schneebesen gut durchrühren, gleich in das vorgewärmte Glas gießen und servieren.

Egg Flip »ohne«

(Alkoholfrei)

Fruchtig, cremig und gesund: Genau das, was der Onkel Doktor bei einer Grippe oder Erkältung angeordnet hat.

Zutaten für 1 Drink:
2 Eier · 1 Teel. Zucker
1/2 Orange · heißes Wasser
Was Sie sonst noch brauchen:
1 hitzefestes Glas oder 1 Tasse (vorgewärmt, siehe Seite 11)
1 Teelöffel
1 Saftpresse

1. Die Eier trennen. Die Eigelbe (die Eiweiße anderweitig verwenden) und den Zucker in das vorgewärmte Glas geben und mit dem Löffel gut durchrühren.
2. Die halbe Orange auspressen und den Saft ins Glas gießen.
3. Mit heißem Wasser randvoll aufgießen. Einmal kurz umrühren und servieren.

Im Bild von vorne nach hinten: Eiergrog, Eggnog Baltimore, Egg Flip »ohne«.

Kandeel

Meine Großmutter, die eine halbe Holländerin war, hat dieses alte Rezept für Eierpunsch von der Insel Texel mitgebracht.

Zutaten für 1 Drink:
1/8 l Wasser
2 Gewürznelken
1 Zimtstange
etwa 5 cm Zitronenschale (unbehandelt)
1 Ei
1–2 Teel. Zucker
1/8 l halbtrockener Weißwein
Was Sie sonst noch brauchen:
1 hitzefestes Glas oder 1 Tasse (vorgewärmt, siehe Seite 11)
2 Kochtöpfe
1 Schneebesen
1 Sieb
1 Teelöffel

1. Das Wasser im ersten Topf zum Kochen bringen. Die Nelken, die Zimtstange und die Zitronenschale hineingeben. Bei ganz schwacher Hitze etwa 30 Minuten ziehen lassen. Das gewürzte Wasser beiseite stellen.
2. Das Ei trennen. Das Eigelb (das Eiweiß anderweitig verarbeiten) und den Zucker in den zweiten Kochtopf geben und mit dem Schneebesen umrühren. Dabei immer wieder etwas Wein und gewürztes Wasser durch das Sieb dazugießen und unterrühren.
3. Die Mischung bei schwacher Hitze vorsichtig erwärmen. Dabei ständig umrühren, damit die Mischung nicht anbrennt oder zu fest wird.
4. Den Eierpunsch, sobald er eine glatte, cremige Konsistenz angenommen hat, in das vorgewärmte Glas umfüllen und sofort servieren.

Chinesischer Liebestrunk

Eine kleine Stärkung gefällig? Nach dem Genuß dieses gehaltvollen Sherrypunschs können Sie Bäume ausreißen!

Zutaten für 1 Drink:
2 Eier · 1–2 Teel. Zucker
1–2 Prisen gemahlene Nelken
1 Prise frisch geriebene Muskatnuß
1 Prise Zimtpulver
1 Messerspitze Muskatblüte
1 Stück frische Ingwerwurzel (etwa 1/2 cm lang)
1/8 l Wasser
6 cl trockener Sherry
Was Sie sonst noch brauchen:
1 hitzefestes Glas oder 1 Tasse (vorgewärmt, siehe Seite 11)
1 Schüssel · 1 Kochtopf
Handrührgerät · 1 Rührlöffel
1 Sieb

1. Die Eier und den Zucker mit den Gewürzen (außer dem Ingwer) in der Schüssel mit dem Handrührgerät steif schlagen.
2. Die Ingwerwurzel schälen und möglichst klein schneiden.
3. Das Wasser im Kochtopf aufkochen lassen. Die Hitze herunterschalten und den Ingwer dazugeben.
4. Den Sherry dazugießen und alles nochmal bei schwacher Hitze erwärmen (nicht mehr kochen lassen!).
5. Den Topf vom Herd nehmen und den Eierschaum mit dem Löffel vorsichtig unterrühren. Die Mischung durch das Sieb in das vorgewärmte Glas gießen und sofort servieren.

Hot Locomotive

Dieser gehaltvolle Klassiker darf natürlich in keinem guten Bar-Buch fehlen.

Zutaten für 1 Drink:
1 Ei
1 Teel. Puderzucker
1 Teel. Honig
1/4 l trockener Rotwein
1 Teel. Cruaçao Triple sec
1 Prise Zimtpulver (nach Belieben)
Zum Garnieren:
1 Zitronenscheibe (Schale unbehandelt)
Was Sie sonst noch brauchen:
1 hitzefestes Glas oder 1 Tasse (vorgewärmt, siehe Seite 11)
1 kleinen Kochtopf
1 Schneebesen

1. Das Ei trennen.
2. Das Eigelb (das Eiweiß anderweitig verwenden), den Puderzucker und den Honig im Kochtopf mit dem Schneebesen verrühren.
3. Den Rotwein und den Curaçao (nach Belieben auch eine Prise Zimt) dazugeben, alles gut umrühren und bei mittlerer Hitze erwärmen (nicht kochen lassen!).
4. Den Hot Locomotive in das vorgewärmte Glas gießen. Mit der Zitronenscheibe garnieren.

Im Bild von vorne nach hinten: Chinesischer Liebestrunk, Hot Locomotive, Kandeel.

Mit dem Duft von Bratäpfeln...

Jeder, der schon mal im Winter einen Bratapfel genossen hat, weiß, wie köstlich dieses Kernobst in angewärmtem Zustand schmeckt. Die Steigerung ist ein heißer Apfel-Drink, in dem das fruchtige Aroma dieser Früchte besonders gut zum Ausdruck kommt. Am besten eignen sich mehlige Sorten.

Apple Jack

Diese heiße Apfel-Spezialität ist bei den Amerikanern untrennbar mit der Vorstellung einer klirrend kalten, tiefverschneiten Winterlandschaft in Neuengland verbunden.

Zutaten für 1 Drink:
1 Apfel, aromatisch, aber nicht sauer
1/2 Teel. Puderzucker
1 Prise Zimtpulver
4 cl Calvados
6 cl Apfelsaft
kochendheißes Wasser
1–2 Teel. Zucker
1 Prise frisch geriebene Muskatnuß
Was Sie sonst noch brauchen:
1 hitzefestes Glas oder 1 Tasse (vorgewärmt, siehe Seite 11)
1 Apfelausstecher
Alufolie
1 Backblech
1 Teelöffel

1. Den Backofen auf 170° vorheizen. Den Apfel waschen, trockenreiben und mit dem Apfelausstecher entkernen. Ein Stück Alufolie auf das Backblech legen und den Apfel darauf stellen.
2. Den Puderzucker in etwa 1 Teelöffel Wasser auflösen und die Flüssigkeit über den Apfel träufeln. Den Apfel mit dem Zimt bestreuen und im Backofen (Mitte) (Gas Stufe 2) etwa 1 Stunde backen, bis er weich ist.
3. 2 gehäufte Teelöffel vom weichen Apfelinneren ins vorgewärmte Glas oder in die Tasse geben, mit dem Löffelrücken zerdrücken und anschließend mit dem Calvados und dem Apfelsaft übergießen.
4. Die Mischung mit kochendem Wasser auffüllen. Mit dem Zucker nach Geschmack süßen und mit dem frisch geriebenen Muskat bestreuen. Mit dem Löffel servieren.

Vitamin-Punsch

(Alkoholfrei)

Auch ohne Promille läßt sich das Aroma von heißen Äpfeln herrlich im Glas einfangen.

Zutaten für 1 Drink:
8 cl Apfelsaft
4 cl Sauerkirschnektar
1 Prise frisch geriebene Muskatnuß
Was Sie sonst noch brauchen:
1 hitzefestes Glas oder 1 Tasse (vorgewärmt, siehe Seite 11)
1 kleinen Kochtopf

1. Den Apfelsaft und den Kirschnektar im Kochtopf kurz aufkochen lassen und sofort vom Herd nehmen.
2. Den Drink ins vorgewärmte Glas gießen. Mit dem frisch geriebenen Muskat bestreuen und sofort heiß servieren.

Indian Summer

Wenn sich im amerikanischen Nordosten die Blätter im Herbst rot und golden zu färben beginnen und die Sonne nochmal kräftig vom klaren Himmel scheint, dann bricht die Zeit des »Indian Summer« an.

Zutaten für 1 Drink:
Zimtpulver
1/4 l Apfelsaft oder Cidre (französischer Apfelwein)
4 cl Apfelschnaps oder Obstler
Zum Garnieren:
1 Zimtstange
Was Sie sonst noch brauchen:
1 hitzefestes Glas oder 1 Tasse (vorgewärmt, siehe Seite 11)
1 Untertasse
1 kleinen Kochtopf

1. Etwas Zimtpulver auf die Untertasse streuen. Den Rand des Glases feucht abwischen. Den Glasrand im Zimtpulver drehen, bis ein feiner, brauner Zimtrand entsteht.
2. Den Apfelsaft oder den Cidre im Kochtopf bis kurz vor dem Siedepunkt erhitzen.
3. Den Apfelschnaps oder den Obstler vorsichtig ins vorgewärmte Glas gießen, damit der Zimtrand nicht beschädigt wird.
4. Mit dem heißen Apfelsaft oder Cidre auffüllen. Den Drink mit der Zimtstange garnieren und sofort servieren.

Im Bild von vorne nach hinten: Apple Jack, Vitamin-Punsch, Indian Summer.

Apple Toddy

Diese duftende Apfel-Spezialität stammt aus der Heimat des Bourbon-Whiskey, nämlich aus Kentucky.

Zutaten für 1 Drink:
1 mehliger Apfel
1 Teel. Puderzucker
1 Prise Zimtpulver
kochendheißes Wasser
1–2 Teel. Puderzucker
4 cl Bourbon Whiskey
1 Prise frisch geriebene Muskatnuß
Was Sie sonst noch brauchen:
1 hitzefestes Glas oder 1 Tasse (vorgewärmt, siehe Seite 11)
1 Apfelausstecher
Alufolie
1 Backblech
1 Teelöffel

1. Den Backofen auf 170° vorheizen. Den Apfel waschen, trockenreiben und mit dem Apfelausstecher entkernen. Ein Stück Alufolie auf das Backblech legen und den Apfel darauf stellen.
2. Den Puderzucker in etwa 1 Teelöffel Wasser auflösen und die Flüssigkeit über den Apfel träufeln. Den Apfel mit dem Zimt bestreuen und im Backofen (Gas Stufe 2) etwa 1 Stunde backen, bis er weich ist.
3. 2–3 Teelöffel vom Apfelinneren in das vorgewärmte Glas geben und mit dem Löffelrücken zerdrücken.
4. Das Glas mit kochendheißem Wasser zu etwa zwei Dritteln auffüllen. Zucker nach Geschmack dazugeben und alles gut verrühren.
5. Den Bourbon darüber gießen und kurz umrühren. Den Apple Toddy mit dem Muskat bestreuen und mit dem Teelöffel servieren.

Wassail Bowl

Englische Studenten prosteten sich mit einem solchen Getränk gerne mit den Worten »Was hael« (etwa »Es leben die alten Zeiten«) zu, aus dem später »Wassail« wurde. Sie bereiten diesen Drink auch heute noch in großen Schalen (englisch: »bowl«) und zechen damit im Winter nächtelang durch – eine ausgesprochen gesellige Sache also.

Zutaten für 8–10 Drinks:
1 Stück Ingwerwurzel (etwa 2 cm lang) · 2 weiche Äpfel
1 Teel. frisch geriebene Muskatnuß
2 Zimtstangen
4 Gewürznelken
3 Koriandersamen
3 Kardamomkapseln
Zimtpulver
1 l Bier · 1/4 l halbtrockener Sherry
8 cl brauner Rum oder Strohrum
2 Eßl. Zucker · 4 Eier
Was Sie sonst noch brauchen:
1 große Bowleschale oder 1 große Schüssel (vorgewärmt, siehe Seite 11)
hitzefeste Gläser oder Tassen (vorgewärmt) · 1 Apfelausstecher
1 großen Kochtopf · 1 Backblech
Alufolie · 2 Schüsseln
Handrührgerät · 1 Rührlöffel
1 Sieb · 1 Schöpflöffel

1. Die Ingwerwurzel schälen und zerkleinern. Die Äpfel schälen, mit dem Apfelausstecher entkernen und in Scheiben schneiden. Den Backofen auf 170° vorheizen.
2. Etwa 1/8 l Wasser in den Topf gießen. Den Muskat, die Zimtstangen, die Gewürznelken und die Koriandersamen dazugeben. Die Kardamomsamen aus den Kapseln nehmen und ebenfalls in den Topf geben.
3. Das Wasser aufkochen lassen, dann auf schwächste Hitze schalten und die Gewürze etwa 10 Minuten im Wasser gerade eben kochen lassen.
4. Das Backblech mit Folie auslegen. Die Apfelscheiben darauf legen. Mit Zimt bestreuen und im Backofen (Mitte) (Gas Stufe 2) bräunen lassen.
5. Das Bier, den Sherry und den Rum in den Kochtopf gießen. Den Zucker dazugeben und gut umrühren.
6. Die Eier trennen. Die Eigelbe in der ersten Schüssel gut durchrühren. Die Eiweiße in der zweiten Schüssel steif schlagen. Den Eischnee in die erste Schüssel zum Eigelb geben und vorsichtig unterheben.
7. Den Inhalt des Topfs durch das Sieb in die Schüssel zu den Eiern gießen. Einmal durchrühren.
8. Die Äpfel aus dem Ofen nehmen und in die vorgewärmte Bowlenschale geben. Den Wassail darüber gießen. Am Tisch portionsweise mit dem Schöpflöffel in vorgewärmte Gläser füllen.

Bild oben: Apple Toddy
Bild unten: Wassail Bowl

BOURBON
KENTUCKY
WHISKEY

REZEPT- UND SACHREGISTER

Zum Gebrauch

Das Register besteht aus 2 Teilen. Im ersten Teil finden Sie alle heißen Drinks in Kategorien eingeteilt. Im zweiten Teil stehen alle Rezepttitel und Sachbegriffe in alphabetischer Reihenfolge.

Alkoholfreie Drinks

Apfel-Drinks

Drinks mit Bier

Drinks mit Ei

Glühwein

Grog

Kaffeedrinks

Milchdrinks

Punsch

Teedrinks

Drinks in alphabetischer Reihenfolge

Umschlag-Vorderseite:
Feuerzangenbowle
(Rezept Seite 18).

Wichtiger Hinweis

Alkohol ist ein Genußmittel, gleichzeitig aber auch eine Droge; zu häufig und zu reichlich konsumiert wird er zum Gift. Alkohol ist in keiner Form für Kinder und Jugendliche geeignet, ebensowenig für Autofahrer. Bedenken Sie bitte, daß vor allem erwärmter Alkohol besonders schnell wirkt und daß der rasche Temperaturwechsel zwischen einer warmen Stube und der kalten Außentemperatur im Winter die Wirkung des Alkohols auf das Reaktionsvermögen ebenfalls verstärkt. Wenn Sie zuviel trinken, müssen Sie außerdem damit rechnen, daß der Alkohol auch am nächsten Tag noch nachwirkt und Sie noch nicht fahrtüchtig sind, denn der Körper baut den Alkohol nur langsam ab. Deshalb: Immer in Maßen genießen.

Die Deutsche Bibliothek – CIP-Einheitsaufnahme
Glühwein, Punsch und Feuerzangenbowle: heiße Getränke für gesellige Runden: aromatisch duftend und wohlig wärmend / Tim Cole.
– 1. Aufl. – München: Gräfe und Unzer, 1991
(GU-Küchen-Ratgeber)
ISBN 3-7742-1117-5
NE: Cole, Tim

1. Auflage: 1991

Redaktion:
Dr. Stephanie von Werz-Kovacs
Layout: Ludwig Kaiser
Typographie: Robert Gigler
Herstellung: Ulrike Laqua
Fotos: Kerstin Mosny, Fotoservice Silvestris (Seite 5)
Umschlaggestaltung:
Heinz Kraxenberger
Satz: GSD, München
Druck: Staudigl, Donauwörth
Reproduktionen:
SKU, München
Bindung: Sellier, Freising
ISBN: 3-7742-1117-5

Tim Cole

stammt aus dem klassischen Cocktailland Amerika. Sein Vater, ein Militärgeistlicher, lernte seine Mutter in den letzten Kriegstagen in Deutschland kennen. Cole wurde 1950 im US-Bundesstaat Washington geboren und verbrachte seine Kindheit in Südkalifornien. Seit 1962 lebt er als US-Staatsbürger in der Bundesrepublik, wo er sich nach dem Germanistikstudium und Lehrjahren bei Tageszeitungen und Fachzeitschriften schließlich 1979 in Stuttgart als freier Autor niederließ. Seine Restaurantkritiken, Reisereportagen und Berichte aus der Getränkeszene erscheinen regelmäßig in Zeitschriften wie »Feinschmecker«, »Playboy« oder »Diners Club Magazin«. Daneben ist er als Übersetzer von Fachartikeln und Büchern tätig.

Kerstin Mosny

besuchte eine Fachhochschule für Fotografie in der französischen Schweiz. Danach arbeitete sie als Assistentin bei verschiedenen Fotografen, unter anderem bei dem Food-Fotografen Jürgen Tapprich in Zürich. Seit März 1985 arbeitet sie im Fotostudio Teubner.